DIE DONAU

**Martin Gostelow
und Elke Frey**

INHALT

3	**Die Donau entlang**
7	**Rückblende**
13	**Unterwegs**
13	**Von Würzburg bis Passau**
19	Main-Donau-Kanal
25	**Von Passau bis Wien**
26	Linz
32	Wachau
37	Wien
45	**Von Bratislava bis Mohács**
45	Bratislava
53	Budapest
59	Von Budapest bis Kalocsa
61	Von Kalocsa nach Mohács
67	**Essen und Trinken**
73	**Einkaufen**
75	**Wichtiges in Kürze**
81	**Meilensteine am Ufer**
99	**Register**

Extras
15 Rothenburg ob der Tauber
18 Treppauf, treppab
28 Salzburg, Salzkammergut
64 Pécs
70 Ungarische Weine

Karten und Pläne
84 Würzburg
85 Bamberg
86 Main-Donau-Kanal
87 Nürnberg
88 Regensburg
89 Passau
90 Linz
91 Salzburg
92 Wien
94 Wiener Hofburg
95 Wien (U- und S-Bahn)
96 Budapest
98 Bratislava

Faltkarte
Meilensteine
am Ufer
Donau

DIE DONAU ENTLANG

Wer denkt beim Namen Donau nicht an den berühmtesten aller Walzer von Johann Strauß, *An der schönen blauen Donau*? Schön ist sie zweifellos, doch verleihen ihr aufgewirbelte Sedimente und so mancher Zufluss eine eher bräunliche Farbe. Der Weg der Donau führt durch Mitteleuropa; an den Ufern bezaubern kleine Orte, Städte und Metropolen mit barocken Kirchen, mittelalterlichen Burgen und Rokokopalästen.

Europas zweitlängster Strom

Die Donau bildet sich aus dem Zusammenfluss der Breg und der Brigach bei Donaueschingen und durchquert nun als Donau noch weitere acht Länder: Österreich, die Slowakei, Ungarn, Kroatien, Serbien, Bulgarien, Rumänien und die Ukraine. Auf einer Strecke von nur 570 m berührt die Donau auch Moldawien, das als Anrainerstaat der Internationalen Donaukommission zählt.

Mit rund 2860 km ist die Donau nach der 3688 km langen Wolga der zweitlängste Strom Europas. Ab Ulm ist sie für kleinere, ab Kelheim für größere Schiffe befahrbar. Seit der Fertigstellung 1992 des Main-Donau-Kanals entstand eine 3500 km lange Großwasserstraße von der Nordsee bis zum Schwarzen Meer.

Durch Österreich und Ungarn

Bei Passau verlässt die Donau Deutschland in Richtung Österreich. Sie durchquert die Hafenstadt Linz und erreicht nach der Wachau bald die prachtvolle Habsburgerresidenz Wien. Südlich von Bratislava, der stolzen slowakischen Hauptstadt, folgt der nun breite Fluss der ungarischen Grenze, bis er am Donauknie nach Süden abbiegt und durch die Große Ungarische Tiefebene auf Budapest zuströmt.

Nach den Wohn- und Industrievororten von Budapest bewegt sich die Duna durch idyllische Landschaften, entlang von Nationalparks, Puszta und hübschen Städten wie Kalocsa, Baja oder Mohács. Der große Fluss windet sich auf insgesamt 417 km durch Ungarn und wird an der kroatischen Grenze zur Dunav.

Donauföderation

Der Flussabschnitt von Budapest bis zum Schwarzen Meer spielte seit je eine zentrale Rolle, an seinen Ufern standen sich Römer und Daker, später Türken und Habsburger gegenüber. Viele Ortschaften wurden bereits zu römischer Zeit gegründet, mittelalterliche Festungen und mehrere Gedenkstätten zeugen von Kriegen, die hier ausgetragen wurden. Unter der Österreichisch-Ungarischen Monarchie (1683–1918) schienen die Länder am mittleren und unteren Lauf vereint zu sein, und es war wohl das einzige Mal, dass sich eine eigentliche »Donauföderation« verwirklichte.

Kleine Namenskunde. Eindeutig ist, dass der Name »Donau« vom lateinischen Danubius abgeleitet wurde; doch diese Bezeichnung hat noch ältere Wurzeln. Sowohl im Keltischen als auch im Altiranischen (Avestisch) gibt es das Wort »Danu« mit der Bedeutung »Fluss« – von diesem indogermanischen Ausdruck sollen auch andere Flussnamen wie Don und Dnjepr abstammen.

Auf ihrem langen Weg zum Delta ändert die Donau mehrmals ihren Namen; so heißt sie in Ungarn *Duna*, in Serbien, Kroatien und Bulgarien *Dunav* und in Rumänien *Dunărea*.

Nebenflüsse und Naturreservate

Auf dem Weg zum Schwarzen Meer durchquert der Strom eine vielfältige Landschaft. In der Großen Ungarischen Tiefebene *(Nagy Alföld)* stoßen wichtige Nebenflüsse zu ihm: die Drau, Theiß und Save. Die Donau hat hier wenig Gefälle und neigt dazu, über die Ufer zu treten. Besonders in den Ebenen, die sie durchfließt – wie im slowakisch-ungarischen Grenzgebiet, dem südlichen Ungarn und dem nördlichen Kroatien – überschwemmen die Flussauen jahreszeitlich; mehrere Nationalparks und Naturreservate bieten hier Unterschlupf für eine artenreiche Tierwelt.

Eisernes Tor

Nach Belgrad erreicht die Donau dank der Eingriffe des Menschen ihre größte Breite und weiter südlich, am Eisernen Tor, erwarten den Reisenden großartige Landschaften: Das 1971 hier errichtete Kraftwerk brachte grundlegende Veränderungen für die Natur mit sich, und machte die Schifffahrt auf der früher gefürchteten »Kataraktenstrecke« viel sicherer.

Bis zum Delta

Nach dem Eisernen Tor tritt der Strom in das Tiefland der Walachei ein; hier ist er auf einer Seite von den bulgarischen Gebirgsausläufern begrenzt, während das gegenüberliegende rumänische

Ufer flach und sumpfig ist. Vor dem Landstreifen der Dobrudscha biegt die Donau nach Norden, bei Galaţi dann wieder nach Osten ab.

Nach dem letzten Flussknie beginnt das Delta, wo der Strom in drei Hauptarmen ins Schwarze Meer mündet. In diesem ausgedehnten Feuchtgebiet findet man eine für Europa einzigartige Flora und Fauna vor.

Völkermosaik

Der gesamte Donauraum bildet ein wahres Völkermosaik. In Rumänien etwa vermischten sich Daker und Römer, in Bulgarien wiederum Slawen und Thraker. Zu den Völkern, die hier die Kultur mitprägten, gehören aber auch die Deutschen. Im 12. Jh. holte sich der ungarische König Géza Sachsen nach Siebenbürgen, und im 18. Jh. kamen auf Veranlassung von Kaiserin Maria Theresia Deutsche an den Unterlauf der Donau, um hier verödete Landstriche zu bebauen. Die politischen Veränderungen des 20. Jh. zwangen viele Siedler allerdings später, wieder in ihre ehemalige Heimat zurückzukehren.

Der Donau-Quelltopf im Schlosspark von Donaueschingen. | Blick auf das hübsche Stein an der Donau. | Die imposante Kettenbrücke in Budapest. | Blühende Seerosen.

Eifriges Gespräch am stillen Gestade der »Dreiflüssestadt« Passau; hier am Inn.

RÜCKBLENDE

Vor rund 250 000 Jahren wurde der »Urungar« *(homo palaeohungaricus)* im mittleren Donautal (dem heutigen Ungarn) sesshaft, angezogen von reichen Wasservorräten und Wildbeständen – und vielleicht sogar von den Thermalquellen, die noch heute beliebt sind.

Anfänge des Flusshandels
Bereits in der Jungsteinzeit (um 6000 v. Chr.) wurde entlang der Donau Handel getrieben. Die Ureinwohner des heutigen Bulgariens, die Thraker, besiedelten um 1000 v. Chr. den Raum zwischen dem unteren Donaulauf und der nördlichen Ägäis. Im 7. Jh. stießen griechische Seefahrer bis zum Donaudelta vor und erkundeten das Gebiet flussaufwärts – so begann der Flusshandel.

Keltische Stämme ließen sich gegen 600 v. Chr. an der Save und im oberen Donautal, dem heutigen Süddeutschland, nieder. Sie errichteten im 3. Jh. v. Chr. an der Stelle des späteren Belgrads eine Festung.

Um 120 v. Chr. kam es zum Niedergang der keltischen Macht, die durch Römer, Germanen und iranische Sarmaten bedrängt wurde. Auf dem Gebiet des heutigen Rumäniens entstand das Königreich der Daker.

Auftritt der Römer
Nachdem die Römer unter Kaiser Augustus 27 v. Chr. das Donautal erobert hatten, bildete der Fluss, den sie Danubius – im Unterlauf Ister – nannten, die nördliche Reichsgrenze. Jenseits davon lebten Stämme, die von den Römern als »Barbaren« bezeichnet wurden, darunter Kelten, Pannonier und Illyrer. Entlang des Danubius entstand ein militärisches Sicherungssystem, der Limes (Grenzwälle), der Invasionen der Barbaren abhalten sollte. Gut 20 000 römische Soldaten wurden zwischen Wien und Budapest stationiert, an anderen Orten noch mehr.

Auf dem Wasser patrouillierte eine römische Flotte, und an strategischen Orten wurden am Ufer Bollwerke errichtet. Diese wuchsen bald zu blühenden Städten heran, darunter Castra Regina (Regensburg), Vindobona (Wien), Aquincum (Budapest), Singidunum (Belgrad) und Sexantaprista (Russe). Weitere bedeutende Festungen am Fluss wie Ratiaria (Vidin) und Nicopolis ad Istrum (Nikopol) wurden an den Mündungen von Nebenflüssen erbaut.

106 n. Chr. besiegte Kaiser Trajan die Daker und herrschte nun über die gesamte Donau sowie über ausgedehnte Landstriche nördlich davon, die etwa dem heutigen Rumänien und der Republik Moldau entsprechen. Sein Nachfolger Hadrian unternahm keine Eroberungszüge und konzentrierte sich auf die Verwaltung und Verteidigung seines riesigen Reichs. Im 3. Jh. stießen Goten nördlich des Schwarzen Meers nach Süden und zur Donau vor und überqueren den Fluss.

Erst der römischen Armee unter Kaiser Gallienus und den künftigen Herrschern Claudius II. und Aurelian gelang es, die Goten 269 in der Schlacht von Naissus (heute Niš in Serbien) zu besiegen. Die Sieg war so bedeutend, dass man die Grenze gegen die Goten und Sarmaten während einem Jahrhundert kaum verteidigen musste.

Einwanderer von nah und fern

Neben großen Invasionen von Eroberern kam es auch zu eher friedvoller Einwanderung, bei der ganze Völker, die vor den kriegerischen Hunnen flohen, sich innerhalb des Reichs niederließen.

Im 4. und frühen 5. Jh. kamen zahlreiche Goten und andere germanische Stämme in das Donaugebiet und schwächten das Römische Reich.

Noch schlimmer waren jedoch die Invasionen der von Attila angeführten Hunnen aus den Steppen Asiens, die im 5. Jh. über den Südosten Europas herfielen und bis ins Herz des späteren Italien vordrangen.

Im 6. und 7. Jh. breiteten sich Slawen aus Osteuropa nach Westen und Süden aus und vermischten sich auf dem Gebiet des heutigen Bulgariens mit der thrakischen Bevölkerung.

Karl der Große und Magyaren

Kaiser Karl der Große (König der Franken 768−814, der Longobarde 774–814 und römischer Kaiser von 800−814) brachte im 8. Jh. große Teile West- und Zentraleuropas unter seine Herrschaft; er vertrieb die Goten und die Nachkommen der Hunnen. Dafür ließen sich die Magyaren (aus der Gegend zwischen Wolga und Ural) und türkische Petschenegen im heutigen Ungarn nieder.

Im 10. Jh. vereinigten sich zehn Völker – sieben ungarische und drei chasarische –, um gemeinsam gegen Petschenegen, Russen und Bulgaren zu kämpfen. Zum Anführer wurde Prinz Arpád ernannt, das Oberhaupt der Magyaren.

Christentum

Prinz Géza, ein Urenkel Arpáds, leitete 975 die Christianisierung Ungarns ein; dadurch wurde die Donau für Pilger, die ins Heilige Land zogen, zu einem relativ sicheren Durchgangsweg. Gézas Sohn Stephan wurde im Jahr 1000 zum ersten ungarischen König gekrönt. Nach seinem Tod wurde er heiliggesprochen und zum Schutzheiligen des Landes erklärt.

Die beeindruckende Ruine der Burg Devín in der Nähe von Bratislava (Slowakei).

1096 nutzten deutsche und französische Kreuzritter den Fluss für ihre Raubzüge durch Österreich und Ungarn, um Konstantinopel und Jerusalem vor dem Islam zu »retten«. Es kam dabei zu zahlreichen Gefechten, ja sogar Schlachten mit der einheimischen Bevölkerung. Spätere Kreuzzüge brachten den Städten am Donauufer einen gewissen wirtschaftlichen Aufschwung. Der englische König Richard Löwenherz wurde 1192 auf seinem Rückweg aus Palästina in der Burg von Dürnstein eingekerkert. 1396 sammelte sich im sogenannten »Letzten Kreuzzug« eine Armee aus 100 000 Deutschen, Franzosen, Ungarn, Polen, Böhmen, Italienern und Spaniern in Budapest und bewegte sich donauabwärts, wurde jedoch bei Nikopol (im heutigen Bulgarien) von den Osmanen vernichtend geschlagen.

János Hunyadi, der Vizekönig von Ungarn, vereitelte 1456 bei Nándorfehérvár (heute Belgrad) eine türkische Invasion; er starb im selben Jahr, vermutlich an der Pest. Sein ältester Sohn wurde bald danach ermordet, und sein zweiter Sohn Mátyás, der erst 15-jährig war, wurde von den ungarischen Adligen zum Thronfolger bestimmt. Der als »der Gerechte« bekannte Matthias Corvinus regierte 1458–90 und förderte Wissenschaften und Künste.

Die Osmanen

Im 16. Jh. wurde die Donau zur Route eines Kreuzzugs unter anderem Vorzeichen, als die Türken unter Suleiman dem Prächtigen den Islam vom Schwarzen Meer aus in Richtung Westen zu verbreiten suchten. Nach der Schlacht von Mohács (1526) fiel Ungarn für 150 Jahre an die Osmanen. Auch Serbien, Bosnien und Teile Rumäniens befanden sich unter osmanischer Herrschaft. Es ge-

So sahen die Dampfschiffe auf der Donau im 19. Jahrhundert aus.

lang den Osmanen jedoch nicht, Wien einzunehmen, obwohl sie die Stadt 1529 und 1683 belagerten. Später eroberten die Habsburger Gebiete zurück: 1687 Ungarn, 1691 Transsilvanien. Der Friede von Karlowitz (Sremski Karlovci) beendete 1699 den Krieg gegen die Türkei und machte Österreich zur wichtigsten Macht im Donauraum.

Habsburg hält Stand

Unter Maria Theresia (1740–80) waren die Donauvölker vereint. Die Kaiserin ließ die nach der Vertreibung der Türken verödeten Gebiete mit Deutschen besiedeln. Diese nahmen sich des Ackerbaus an, entwickelten Handel und Gewerbe, bauten Dörfer und Städte.

Die Osmanen waren nicht endgültig besiegt; sie herrschten weiterhin über große Teile des Balkans. Doch Russland besetzte 1768–74 im Russisch-Türkischen Krieg die Fürstentümer Moldau und Walachei, und im Frieden von Svištov gewann Österreich 1791 den Pass des Eisernen Tores bei Orsova an der Donau. Russland führte weitere Kriege gegen die Türkei, einige davon in der Donauregion. Im Vertrag von Adrianopel (Edirne) von 1829 wurde beinahe das gesamte Donaudelta an Russland abgetreten.

Im selben Jahr wurde auch die Donau-Dampfschifffahrtsgesellschaft (DDSG) gegründet, die ihren Betrieb mit der Strecke Wien–Budapest aufnahm. Sie blieb bis zum 1. Weltkrieg die größte Binnenschifffahrtsgesellschaft der Welt. Im Frieden von Paris 1856 verlor Russland am Ende des Krimkrieges die Kontrolle über die Schifffahrt auf der unteren Donau – diese stand nun dem internationalen Verkehr offen. Um Überschwemmungen zu verhindern, wurde der Verlauf der Donau bei Wien 1870 saniert, sie fließt seither nördlich des Stadtzentrums in Richtung Slowakei.

1877 lancierte der russische Zar Alexander II. einen weiteren Krieg gegen die Osmanen – mit dem erklärten Ziel, Bulgarien zu befreien. Nach einer fünfmonatigen Belagerung und schweren Verlusten auf beiden Seiten fiel das türkische Bollwerk Pleven an die Russen, und Bulgarien wurde 1878 unabhängig.

Das Ende der Donaumonarchie

Am Ende des 1. Weltkriegs brach die Donaumonarchie zusammen. Ungarn und die Tschechoslowakei wurden unabhängig, das neue Königreich der Serben, Kroaten und Slowenen (das spätere Jugoslawien) vereinte einen großen Teil des Balkans. Nachdem schon seit 1856 eine Europäische Donaukommission bestand, wurde 1921 auch die Internationale Donaukommission gegründet, die den Flussverkehr von Ulm bis zum Schwarzen Meer überwachen sowie Schiffszubehör und -ausrüstung instand halten sollte. Beide wurden 1940 aufgelöst.

2. Weltkrieg und Folgezeit

Im 2. Weltkrieg wurde die Donau zur Front. Deutsche Seestreitkräfte gelangten auf dem Strom bis ins Schwarze Meer. Die siegreiche Sowjetarmee besetzte 1944 Budapest, Belgrad, Siebenbürgen, die Walachei und das Banat. Im Anschluss an den Weltkrieg wurden in den Ländern Zentraleuropas und im Balkanraum kommunistische Regimes eingeführt.

Österreich war bis 1955 in vier Zonen aufgeteilt (Sowjetunion, Frankreich, USA, Großbritannien); dann wurde es dank des Staatsvertrags zur unabhängigen und neutralen Nation. Sieben Donau-Anrainerstaaten hatten die Donaukommission 1948 aufleben lassen. 1960 wurde Österreich, erst 1999 auch Deutschland aufgenommen. Gründungsmitglied Russland liegt nicht mehr an der Donau, verblieb aber in der Kommission mit elf Mitgliedstaaten.

Der Zerfall Jugoslawiens und EU

Der Fall der Berliner Mauer 1989 brachte Veränderungen. Die einstigen Ostblockstaaten warfen das kommunistische Joch ab; den meisten gelang ein Übergang zu einem mehr oder weniger demokratischen Regime. Die traurige Ausnahme war Jugoslawien, wo nationalistische, ethnische und religiöse Spannungen zum Zerfall des Staatenbundes führten, was für große Teile der Bevölkerung tragische Folgen hatte. 1999 lancierte Serbien, der größte der sechs Teilstaaten, allen internationalen Warnungen zum Trotz einen Angriff auf die rebellische Provinz Kosovo. Im Gegenzug bombardierte die NATO Serbiens Donaubrücken, wodurch der Unterlauf des Flusses mehrere Jahre lang nicht befahrbar war; inzwischen wurden alle Brücken neu aufgebaut. Der Betrieb konnte wieder aufgenommen werden – samt den Flusskreuzfahrten bis zum Schwarzen Meer.

Die meisten Länder an der Donau gehören der EU an: Ungarn und die Slowakei traten 2004 bei, Rumänien und Bulgarien 2007. Kroatien wurde am 1. Juli 2013 der 28. EU-Mitgliedstaat.

Eingerahmt von Weinbergen, überblickt die Festung Marienberg den Main.

UNTERWEGS

Genießen Sie die Flusskreuzfahrt! Die Reise auf der Donau führt durch Österreich, Slowakei bis nach Ungarn. Felder, Wälder, Weingärten und malerische Dörfer sowie moderne und historische Gebäude ziehen langsam am Ufer vorbei. Begegnen Sie unterwegs grundverschiedenen Menschen und lassen Sie sich auf Ausflügen mehr über Land und Leute erzählen.

Von Würzburg bis Passau

Flusskreuzfahrten auf der Donau beginnen oder enden manchmal bereits auf dem Main, in Würzburg, oder am Main-Donau-Kanal, in Bamberg, Nürnberg oder Regensburg.

Würzburg

Der altehrwürdige Bischofssitz Würzburg (km 252) ist vom fränkischen Weinland umgeben. Rebstöcke bedecken die Hänge bis zur **Festung Marienberg** hinauf, die vom anderen Mainufer die Stadt überblickt. In der Renaissanceburg dokumentiert das **Mainfränkische Museum** die Heimatgeschichte der Gegend; beliebt sind die Kunstwerke des Bildhauers Tilman Riemenschneider (1460–1531), der knapp 50 Jahre in Würzburg wohnte und wirkte.

Altstadt

Über die **Alte Mainbrücke** (15. Jh.) gelangen Sie am rechten Mainufer direkt in die hübsche Altstadt. Bereits um 1120 soll an der Stelle die erste deutsche Steinbrücke errichtet worden sein.

Neumünster
Ein bewundernswertes Barockwerk ist die im 18. Jh. geschaffene Fassade dieser Kirche, die als wichtige Stätte des Christentums der Franken gilt. Der Rundbau birgt eine Madonna von Tilman Riemenschneider sowie das Grab des hl. Kilian, der 689 in Würzburg hingerichtet wurde.

Dom St. Kilian
Der Dom ist dem irischen Heiligen Kilian gewidmet. Seit der Renovierung von 2012 sind die Skulpturen von Tilman Riemenschneider wieder zu bewundern.

Das **Museum am Dom** zeigt Werke, die ein Jahrtausend umspannen.

Die **Marienkapelle** (14. Jh.) überragt den Platz **Unterer Markt**. Sie birgt Grabmäler wichtiger Bürger und fränkischer Ritter. Östlich davon lohnt die Rokokofassade am **Falkenhaus** den Umweg.

Residenz

Die Residenz der Fürstbischöfe (1744) von Balthasar Neumann und Lukas von Hildebrandt ist einer der schönsten Barockpaläste des Landes; er zählt zum Welterbe der UNESCO. Der Venezianer Giambattista Tiepolo (1696–1770) gestaltete die Fresken über dem Treppenhaus und im **Kaisersaal**. Das **Spiegelkabinett** wurde acht Jahre lang renoviert. Neumanns Meisterwerk ist die lichtdurchflutete **Hofkirche**, in der Tiepolo zwei Seitenaltäre ausmalte.

Ochsenfurt

Rund 20 km mainaufwärts von Würzburg gelangt man nach Ochsenfurt (km 271), dessen Stadtmauer auf das 14. Jh. zurückgeht. Besonders hübsch sind die alten Fachwerkhäuser mit ihren schmiedeeisernen Aushängeschildern an der Hauptstraße. Hier steht auch das alte spätgotische **Rathaus**, dessen Spieluhr als Ochsenfurts Wahrzeichen gilt. Die **Andreaskirche** (13.–15. Jh.) besitzt einen reich geschmückten Innenraum mit einer Skulptur Riemenschneiders.

Kitzingen

Die frühere Bedeutung von Kitzungen wird am **Rathaus** und am **Falterturm** sichtbar. Weitere touristische Sehenswürdigkeiten sind der **Alte Klosterkeller**, einer der ältesten Weinkeller des Landes, und das **Deutsche Fastnachtmuseum**.

Der Meistertrinker. 1631 drohte Rothenburg, das sich im Dreißigjährigen Krieg aufseiten der Protestanten hielt, die Gefahr, von den katholischen Truppen verwüstet zu werden. Um Graf Tilly, den Kommandanten des kaiserlichen Heers, umzustimmen, bewirteten ihn die Stadtväter großzügig mit Wein. Schließlich willigte er ein, seine Soldaten von der Brandschatzung abzuhalten – unter der Bedingung, dass ein Bürger der Stadt einen Krug Wein – insgesamt 3,25 Liter – auf einen Zug leerte.

Dem Altbürgermeister Georg Nusch gelang diese Leistung, die später als »Meistertrunk« bekannt wurde. Die Heldentat wird noch heute im Frühling, Sommer und Herbst zelebriert, und die Figuren auf der Uhr am Gebäude des Fremdenverkehrsbüros erinnern mehrmals täglich an die legendäre Begebenheit.

ROTHENBURG OB DER TAUBER

Dieser Ort südlich von Würzburg gilt als Inbegriff einer deutschen Stadt des Mittelalters.

Der Stadtrundgang beginnt am **Marktplatz**. In der **Ratstrinkstube** ist heute die Touristeninformation untergebracht. Die Figuren der Kunstuhr (1910) treten von 10–22 Uhr zu jeder vollen Stunde in Aktion. Achten Sie auch auf den **St. Georgsbrunnen** (1608); dies war einer der Ziehbrunnen, durch den man Trink- und Löschwasser in die Stadt hinaufpumpte. Das **Rathaus** ist ein Symbol für den Bürgerstolz während Rothenburgs Blütezeit im Mittelalter und der Renaissance. Der Rathausturm bietet von einer Plattform in 52 m Höhe (220 Stufen sind zu bewältigen) eine herrliche Aussicht. Der Bau der gotischen **St.-Jakobskirche** (1311) wurde 2011 aufwändig renoviert. Zu sehen ist die »Heilig-Blut-Reliquie« von 1505, ein Meisterwerk von Riemenschneider. Ein über 750-jähriges Kloster neben dem Bettelvogtsturm beherbergt das **Reichsstadtmuseum**. Von der Burg der Hohenstaufen ist außer dem imposanten **Burgtor** (1360) nichts übrig geblieben; durch das Tor gelangen Sie in den Burggarten mit schönem Rundblick. Das **Plönlein**, umgeben von Fachwerkhäusern, gilt als einer der romantischsten und schönsten Plätze der Stadt. Die beste Sicht auf die intakten **Stadtmauern** bietet sich vom alten **Spital** und der **Spitalbastei** (17. Jh.) am südlichen Stadtrand.

Dominique Michellod

Volkach

Im hübschen Winzerstädtchen Volkach (km 306) an der Mainschleife lohnen das schöne **Rathaus** im Renaissancestil von 1544 und das barocke **Schelfenhaus** einen Besuch (heute Sitz der Stadtbibliothek). Auf keinen Fall verpassen sollten Sie aber die Wallfahrtskirche **St. Maria im Weingarten** (nordwestlich der Stadt) mit Riemenschneiders berühmter Rosenkranzmadonna.

Schweinfurt

Schweinfurt (km 333) ist das größte Industriezentrum Unterfrankens. Die Stadt wurde über die Jahrhunderte wiederholt zerstört, zuletzt im Zweiten Weltkrieg. Dennoch blieben Bauten erhalten, die von ihrer historischen Rolle als freier Reichsstadt zeugen: die spätromanische **Johanniskirche** (mehrfach umgebaut), das **Rathaus** (16. Jh.), das **Alte Gymnasium** (Sitz des Stadtmuseums) und das umfassend renovierte **Zeughaus** (1590).

Haßfurt

28 km von Schweinfurt liegt das fränkische Haßfurt. Seine spätgotische **Ritterkapelle** besitzt ein Wappenfries mit 241 Schilden und interessante Grabsteine. In der gotischen **Stadtpfarrkirche St. Kilian** ist u. a. eine Holzfigur Johannes des Täufers von Riemenschneider zu sehen.

Bayreuth

Die am »Roten Main« gelegene Bezirkshauptstadt Oberfrankens ist in erster Linie für ihre alljährlichen »Richard-Wagner-Festspiele« bekannt, die der Komponist 1876 selbst eröffnete. Das jüngst umfassend renovierte Haus Wahnfried, das Wohnhaus Wagners, beherbergt heute das **Richard-Wagner-Museum Bayreuth (RWM)**.

In Bayreuths Altstadt sind schöne Barock- und Rokokobauten zu sehen, darunter das 1753–1758 erbaute **Neue Schloss** und das seit 2012 zum UNESCO-Welterbe ernannte **Markgräfliche Opernhaus**, eines der prachtvollsten Barocktheater Europas (es wird derzeit renoviert und bleibt voraussichtlich bis 2018 geschlossen, Führungen mit einem Einblick in die Bauarbeiten sind auf Anfrage möglich).

istockphoto.com/Domes

Bamberg

Am Hafen von Bamberg beginnt die Kilometerzählung des Main-Donau-Kanals (km 0). Von hier ist es nicht weit bis zum hübschen Stadtkern, aufgeteilt in Insel-, Bergstadt und Gärtnerstadt (des einst regen Gemüseanbaus wegen). Ohne sie wäre 1993 die Ernennung zum Weltkulturerbe der UNESCO nicht erfolgt.

Reich verzierte Fassade am Alten Rathaus in Bamberg.

Bergstadt

Einst kaiserliche Residenz, ist die Altstadt von Werken Riemenschneiders und der Architektenfamilie Dientzenhofer geprägt.

Am **Kaiserdom St. Peter und St. Georg** lässt sich der Übergang von der Romanik zur Gotik verfolgen; der Innenraum birgt das Grabmal Kaiser Heinrichs II. und seiner Gattin. Sehenswert ist auch die gotische Sandsteinskulptur des »Bamberger Reiters« (13. Jh.).

Am Domplatz stehen die spätgotischen Wohnbauten der **Alten Hofhaltung** mit dem **Historischen Museum**, das Kunst- und Kultursammlungen zeigt. Die **Neue Residenz**, ein frühbarocker Bau von Dientzenhofer, erhebt sich dem Dom gegenüber. Vom **Rosengarten** bietet sich ein schöner Blick auf das **Kloster Sankt Michael**, eine ehemalige Benediktinerabtei. Das Prunkstück des **Diözesanmuseums** am Domplatz 5 ist der bestickte Sternenmantel Kaiser Heinrichs aus dem 11. Jh.

Inselstadt

Auf einer kleinen Insel bei der »Oberen Brücke« steht das mit Fresken verzierte **Alte Rathaus** aus dem 18. Jh., dort sind kostbare Porzellanobjekte der Sammlung Ludwig ausgestellt. Am rechten Ufer der Regnitz breitet sich der malerische Fischerbezirk **Klein-Venedig** aus. Probieren Sie hier die herzhafte fränkische Küche mit urigen Gerichten, dazu ein echtes Rauchbier, eine Bamberger Spezialität.

Gärtnerstadt

Das **Gärtner- und Häckermuseum** gibt Einblick in über 600 Jahre Geschichte der Gärtner und Häcker (fränkischer Name für Winzer), die mit Gemüse, Samen und Süßholz (teilweise eine Monopolstellung) regen Handel trieben. Die Bamberger tragen den Spitznamen »Zwiebeltreter« – ein weiteres wichtiges Produkt der Agrarbetriebe.

TREPPAUF, TREPPAB

Im Südostzipfel Deutschlands schafft die mit viel Respekt in die Landschaft eingebaute und faszinierende Schleusentreppe des Main-Donau-Kanals (MDK) die Verbindung zwischen der Donau (über die Fränkische Alb bis nach Bamberg) und dem Main. Fünf Stufen meistern von Ost nach West ab Kelheim auf einer Distanz von 55 km den Aufstieg von knapp 68 Metern bis nach Bachhausen, wo der Kanal auf einer Länge von 16,5 km bis nach Hilpoltstein die höchste Scheitelhaltung eines schiffbaren Kanals dieser Größe in Europa hält. Hier passieren die Schiffe auch die Wasserscheide zwischen Rhein und Donau. Die Schleuse von Hilpoltstein leitet den Abstieg ein.

Nach weiteren, auf 100 km verteilten elf Stufen erreichen die Schiffe Bamberg.

Die kürzeste Staustufe misst 3,7 km, die längste 20,43 km. Die Fallhöhen variieren zwischen 5,3 m und bis zu 24,5 m und bewältigen insgesamt eine Höhendifferenz von 165 m. Die 16 Schleusen werden dabei von lediglich vier Fernsteuerungszentralen bedient.

Ab dem Hafen von Bamberg, 230 m ü. M., geht es nun weiter auf dem Main, welcher sich in westlicher Richtung in unzähligen Windungen durch herrliche Landschaften, Orte und Städte schlängelt. Sein Ziel ist das 388 km entfernte Mainz-Kostheim, wo er auf den Rhein trifft. 34 Staustufen reihen sich aneinander und überwinden insgesamt ein Gefälle von etwa 157 m, mit Fallhöhen zwischen 2,36 m und 7,6 m. Beinahe alle Schleusen sind mit Wasserkraftwerken verbunden, aber auch mit Fischtreppen. Die kürzeste Stauhaltung misst 5,11 km, die längste 18,8 km.

Vergleicht man die beiden Enden (oder Anfänge) der Wasserstraße, stellt man fest, dass der Rhein bei Mainz um 263 m tiefer liegt als die Donau bei Kelheim.

Großartig ist, wie harmonisch sich die durchdachten Anlagen und deren technische Leistungen mit der Natur vereinen und einen fast lautlosen und friedlichen Verkehrsweg bieten. Ein landschaftliches Erlebnis abseits von Rummel und Hektik.

Main-Donau-Kanal

1992 wurden die kühnen Träume Karls des Großen und Ludwigs I. von Bayern Wirklichkeit: Der 171 km lange Main-Donau-Kanal (MDK) wurde zwischen Bamberg und Kelheim als letztes Verbindungsstück der 3500 km langen Großschifffahrtsstraße zwischen der Nordsee und dem Schwarzen Meer eröffnet. Die 190 m lange Schleuse schafft bei Kelheim den Übergang vom Kanal zur Donau.

Bereits Ende des 8. Jh. begann man auf Drängen Karls des Großen mit dem Bau des Kanals »Fossa Carolina« – eine beachtliche technische Leistung für die damalige Zeit, doch wurde der Kanal vermutlich bereits kurz nach dem Bau wieder aufgegeben. Erst nach dem Dreißigjährigen Krieg und durch die später vorangetriebene industrielle Revolution wurde wieder mit Planungen begonnen. Es dauerte noch bis 1846, bis der 172,4 km lange »Ludwig-Donau-Main-Kanal«, der als Vorläufer des Main-Donau-Kanals gilt, eröffnet werden konnte. Aufgrund seiner Breite konnte er mit dem ständig größer werdenden Eisenbahnnetz allerdings nicht konkurrieren – 1950 wurde er aufgegeben und schließlich überbaut.

1922 wurde mit der »Mindorf-Linie« ein erneuter Versuch gestartet, doch kamen die Arbeiten in der Kriegszeit erneut zum Stillstand; erst 1960 konnte mit dem Ausbau der Wasserstraße wieder begonnen werden.

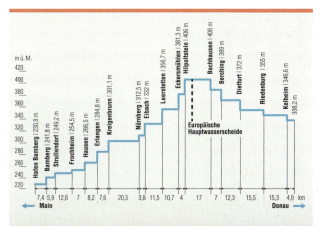

1972 konnte die »Nordstrecke« zwischen Bamberg und Nürnberg eingeweiht werden und 1976 war die erste Teilstrecke bis Forchheim beendet.

Es dauerte noch bis 1992, rund 32 Jahre nach Baubeginn, bis das letzte Teilstück bei Kelheim freigegeben werden konnte. Zwar ist die Bedeutung des Kanals für den Güterverkehr nicht so hoch, wie manche Bauherren es sich erhofft hatten (2014 wurden nur noch ca. 4,8 Mio. Tonnen befördert); aber mit den modernen Passagierschiffen blüht der Flusstourismus; diese Ecke Bayerns, das Frankenland und der Süden Hessens haben viel zu bieten.

Nürnberg

Nürnberg gehört zu Bayern und ist nach München die zweitgrößte Stadt des Bundeslandes. Heute beherrscht sie mit 520 000 Einwohnern (1,2 Millionen im Ballungsgebiet) die nordbayerische Region Franken. Zahlreiche historische Gebäude, Kirchen und Museen laden in der nach dem 2. Weltkrieg wieder aufgebauten Altstadt zur Besichtigung ein.

Kaiserburg

Den nordwestlichen Teil des Mauerrings überragt die Kaiserburg, von der aus sich der Ort entwickelte. Heinrich III. ließ sie im Jahr 1050 errichten, danach wurde sie bis ins 15. Jh. mehrfach umgebaut. Die Ostterrasse gewährt eine schöne Aussicht, der Sinnwell-Turm aus dem 12. Jh. blickt auf das Pegnitztal. Im **Kaisersaal** zeugen 24 Wappenschilder von der Macht des Habsburgerreichs. Die romanische Doppelkapelle im Heidenturm umfasst die **Kaiserkapelle** und die kryptaähnliche **Margarethenkapelle**.

Altstadt

Gegenüber dem **Tiergärtnertor** steht das **Albrecht-Dürer-Haus**, das der Maler 1509 erwarb und bis zu seinem Tod 1528 bewohnte. Seine Gemälde befinden sich zum großen Teil im Germanischen Nationalmuseum.

In der Burgstraße 15 befindet sich das **Stadtmuseum Fembohaus**. Das 1616 in Form eines italienischen Stadtpalastes neu erbaute **Alte Rathaus** strahlt Bürgerstolz aus. Von den zahlreichen Brunnen der Stadt ist der **Gänsemännchenbrunnen** auf dem Rathausplatz besonders bemerkenswert. Auf der anderen Seite des Rathausplatzes steht die **Sebalduskirche** (13./14. Jh.).

Im **Spielzeugmuseum** eröffnet sich die ganze Vielfalt historischen Spielzeugs und High-Tech-Spielzeugs. Dank des Wiederaufbaus erhielt die **Frauenkirche** am Hauptmarkt ihre ursprüngliche Gestalt aus dem 14. Jh. zurück. Beachten Sie auf dem Vorplatz den **Schönen Brunnen**.

An der Pegnitz und weiter südlich
Direkt an der Pegnitz steht das gotische **Heilig-Geist-Spital** (heute ein Restaurant mit Weinstube). Das **Nassauer Haus** an der Königsstraße ist eines der besterhaltenen Turmhäuser des Mittelalters. Gegenüber erheben sich die beiden Türme der Kirche **St. Lorenz** (ab 1250).

Das **Germanische Nationalmuseum (GNM)** am Kornmarkt zeigt Werke u. a. von Dürer, Altdorfer, Cranach, Riemenschneider und Holbein sowie Münzen, Waffen und Musikinstrumente. Die 1993 von Dani Karavan gestaltete »Straße der Menschenrechte« führt zum Museumseingang.

In der Nähe des Hauptbahnhofs befindet sich das **Neue Museum – Staatliches Museum für Kunst und Design**, das angewandte und freie Kunst von 1950 bis heute zeigt.

Das Gebäude in der Lessingstraße 6 vereint das **DB Museum** (Firmenmuseum der Deutschen Bahn AG) und das **Museum für Kommunikation**. Auch das **Museum Industriekultur** (Äußere Sulzbacher Straße 62) lohnt einen Abstecher.

In der nie vollendeten Kongresshalle an der Bayernstraße 110 widmet sich das **Dokumentationszentrum Reichsparteitagsgelände** der Geschichte des Nationalsozialismus und der Reichsparteitage (Audioguides stehen in mehreren Sprachen zur Verfügung).

Hübsches Berching am Main-Donau-Kanal.

Berching
Die kleine bayrische Stadt (km 121) zeigt sich dem Besucher in mittelalterlichem Gewand. Die Festungsmauern (um 1450) samt 13 Türmen und vier Toren sind intakt und teilweise begehbar.

Riedenburg
Der heutige Luftkurort Riedenburg (km 152) mit seinen rund 5700 Einwohnern stieg im Schutze dreier Burgen im 13. Jh. zu einer Marktstadt auf. Der Jagdfalkenhof auf **Schloss Rosenburg** (1112) veranstaltet täglich (außer Mo) Darbietungen mit großen Raubvögeln; das **Kristallmuseum** zeigt eine reich bestückte Mineralienausstellung.

Riedenburg gehört zum rund 3000 km^2 großen **Naturpark Altmühltal**, dem drittgrößten Naturpark Deutschlands. Er ist ein Paradies für Wanderer, Kletterer, Kanu- und Radfahrer, aber auch Fossilien-Liebhaber.

Bei Schlögen macht die Donau eine spektakuläre Schleife.

Von Passau bis Wien

Bevor die Donau Deutschland verlässt und durch österreichische Lande fließt, gesellen sich zwei »Geschwister« zu ihr: aus dem Süden der Inn und von Norden her die Ilz. Anhänger des Inns halten fest, dass dieser blauer sei als die Donau und daher mehr Anspruch darauf hätte, im Walzer von Johann Strauß aufzutreten. Am Zusammenfluss der drei Wasserläufe liegt Passau – Start und Ziel vieler Donaufahrten in Richtung der Wachau und Wien.

Passau

Der alte Bischofssitz Passau (km 2227) war schon immer voller Lebensfreude; religiöse Feierlichkeiten wurden mit viel Musik und Bier (für Herren) und heißer Schokolade (für Damen) begangen. Seinen Wohlstand verdankt das »Venedig Bayerns« dem Handel mit Wein, Getreide und Salz.

Stadtzentrum

Die Donau und der Inn umspülen die Ufer des Stadtkerns, der bis zum Zusammenfluss der beiden eine spitze Landzunge bildet.

Am Domplatz erhebt sich der gotische **Stephansdom** mit drei Zwiebeltürmen, einem spätgotischem Chor und einer prächtigen barocken Innenausstattung mit 1000 Skulpturen im Kirchenschiff und den Kapellen. Das Gotteshaus ist die Bischofskirche des Bistums Passau.

Ein Highlight im Dom ist ohne Zweifel mit 17974 Pfeifen und 233 Registern die größte Domorgel der Welt. Sie wurde Ende des 20. Jh. von den Passauer Orgelbauern Ludwig und Wolfgang Eisenbarth zwischen 1977 und 1980 angefertigt. Dazu wurden die vorhandenen Barockgehäuse aus dem 18. Jh. verwendet. Erstaunt über die perfekte Akustik baute man das Instrument weiter aus, was zu dem nicht geplanten Ausmaß führte.

Sehenswert sind auch die Fassade des spätgotischen **Alten Rathauses** und die Sammlung böhmischer Gläser im **Glasmuseum**. An der Bräugasse 17 zeigt das **Museum Moderner Kunst – Wörlen (MMK)** Wechselausstellungen zu Kunst des 20. und 21. Jh.

Paulinerkloster Mariahilf

Vom Paulinerkloster Mariahilf auf der Anhöhe bietet sich eine herrliche Aussicht; der Aufstieg über die **Wallfahrtsstiege Mariahilf** stimmt besinnlich.

Veste Oberhaus

Am Nordufer der Donau thront die Festung Veste Oberhaus. Die Burg aus dem 13. Jh. wurde bis ins 19. Jh. erweitert. Das Museum lässt die Zeit mittelalterlicher Burgen für Besucher lebendig werden.

Durch das Mühlviertel

Auf der Höhe von **Lindau** (km 2222) bis zum **Laufkraftwerk Jochenstein** (Schleuse, km 2203) bildet der Strom die deutsch-österreichische Grenze; die folgenden 322 km fließt er durch Österreich, zunächst durch das bewaldete Hügelland des oberösterreichischen Mühlviertels. Hier halten mittelalterliche Orte, Ritterburgen und Klöster und die großartige Flussschleife **Schlögener Schlinge** (km 2187) die Flussreisenden in Atem. Die Wasserkraftwerke Aschach (km 2162) und Ottensheim-Wilhering (km 2147) nötigen die Schifffahrt wieder zum Schleusen.

Im Hinterland grenzt das Mühlviertel an Tschechien. Interessante Tagesausflüge führen nach Český Krumlov (UNESCO-Weltkulturerbe).

Linz

An einem wichtigen Verkehrsknotenpunkt nach Deutschland und der Tschechischen Republik liegt Linz (km 2135), die Hauptstadt Oberösterreichs (200 000 Einwohner). 1832 wurde hier die erste – von Pferden gezogene – Schienenbahn des Landes in Betrieb genommen, die nach Budweis in Böhmen führte. Fünf Jahre später legte das erste Dampfschiff in Linz an. Heute ist der Handelshafen mit einem Warenumschlag von mehr als 3 Mio. t Güter pro Jahr ein wichtiger Hafen Österreichs, dank der hier anwesenden Stahlindustrie.

Linz ist immer in Bewegung – in allen Bereichen. Dafür trägt die Stadt seit Ende 2014 die Auszeichung »UNESCO-City of Media Arts« als Aufnahme in das Netzwerk kreativer Städte (UCCN).

LENTOS Kunstmuseum

Am rechten Donauufer fällt das Museum gleich auf: So modern das Bauwerk – von den Schweizer Architekten Weber & Hofer konzipiert –, so zeitgenössisch sind auch die Ausstellungen. Nachts leuchtet die »Schweizer Kiste« in Blau oder Rot; tagsüber erblickt man von der Stadt her durch das »Donauschaufenster«, einem Ausschnitt mitten im Bau, die malerische Landschaft.

Ars Electronica Center

Am linken Donauufer rückt ein zweiter Glasbau ins Blickfeld. In diesem futuristischen Bau von 2009 geht es um den Themenbereich »Die Welt des Menschen und deren Veränderungen«. In Labors erfährt der Besucher mehr über Zeit, Welten, Roboter und geklonte Pflanzen.

Stadtzentrum

Linz weihte 2013 sein **Musiktheater** am Volksgarten des Landestheaters Linz ein und knüpfte so an eine reiche musikalische Vergangenheit an: 1783 komponierte Mozart hier die 36. Sinfonie KV 425 *(Linzer Sinfonie)*, Beethoven 1812 die *8. Sinfonie* und der berühmte Anton Bruckner (1824–1896) kam nicht weit von Linz zur Welt; er war im **Alten Dom** (auch: Ignatiuskirche) Organist, bis er 1868 nach Wien umzog.

Von der Vergangenheit zeugen auch das gotische **Alte Rathaus** und die pastellfarbenen Bauten des 17. und 18. Jh. am **Hauptplatz**. In der Platzmitte steht die hohe **Dreifaltigkeitssäule**, die 1723 zum Gedenken der Erlösung der Stadt von Krieg, Feuer und Pest errichtet wurde. Mehrmals täglich erklingt auf dem Platz ein Glockenspiel.

SALZBURG

Das zauberhafte Salzburg ist mit 152 000 Einwohnern die Hauptstadt des gleichnamigen Bundeslandes. Schmale Gassen führen zu Plätzen mit gotischen Kirchen und Klöstern und kunstvoll gestalteten Brunnen; stattliche Herrschaftshäuser und Paläste sind von gepflegten Parks und Gärten umgeben. Man kann sich hier leicht vorstellen, wie dieses einmalige Zusammenspiel deutscher und italienischer Einflüsse einen der größten Komponisten aller Zeiten mitgeprägt haben muss. Mozart ist auch im Salzburg von heute allgegenwärtig: in Konzerten, in seinem Geburtshaus, in der nach ihm benannten Musikakademie, in den Festspielen und selbst in den süßen Mozartkugeln ...

Die verkehrsfreie Altstadt ist UNESCO-Welterbe und drängt sich zwischen dem linken Ufer der Salzach und dem Mönchsberg, hoch oben thront die Festung Hohensalzburg.

Am linken Ufer der Salzach
Für den Bau des **Residenzplatzes** (um 1600) wurden zahlreiche Häuser abgerissen. Der prachtvolle barocke **Residenzbrunnen** (1658–61) in der Mitte ist von Pferden umrahmt. Um 7, 11 und 18 Uhr erklingen vom Glockenspiel an der Ostseite des Platzes vertraute Melodien von Mozart. Die Westseite beherrscht der erzbischöfliche Palast, die **Residenz** (17./18. Jh.). Man kann an Führungen durch die Prunkräume teilnehmen, zu denen das Konferenzzimmer gehört, in dem Mozart als Kind musizierte. Im 3. Stock dienen mehrere Gemächer als **Residenzgalerie** (Werke europäischer Maler des 16.–19. Jh.).

Nach Süden schließt der imposante **Dom zu Salzburg** den Residenzplatz ab. Über dem Taufbecken in der ersten Seitenkapelle links vom Eingang wurde am 28. Januar 1756 Wolfgang Amadeus Mozart getauft.

Das barocke **Rupertinum** (17. Jh.) beherbergt als Teil des **Museums der Moderne** insbesondere Grafik- und Fotosammlungen.

Das **Große Festspielhaus** am Fuß des Mönchsbergs wurde in den ehemaligen Hofstallungen eingerichtet; es umfasst Theater- und Konzertsäle und eine Reitschule.

Mit der ältesten Standseilbahn Österreichs (1992 modernisiert) gelangt man hinauf zur **Hohensalzburg**, der Festung der Erzbischöfe, die aus 120 m Höhe über die ganze Stadt blickt. Bei Führungen werden unter anderem die eleganten Fürstenzimmer im Hohen Stock gezeigt. Im Burgmuseum ist eine gute Sammlung mittelalterlicher Bildhauerkunst zu sehen. Ausgestellt sind auch Waffen und Folterinstrumente. Den schönsten Blick auf die Stadt hat man von der Aussichtsterrasse der Kuenburgbastei.

In der **Getreidegasse** können Sie in Einkaufsfreuden schwelgen. Schöne Zunft- und Geschäftsschilder zieren hier Renaissance- und Barockfassaden. Haus Nr. 9 ist **Mozarts Geburtshaus**, heute ein Museum. Die Sammlung umfasst handschriftliche Partituren des fünfjährigen Wunderkindes und Familienporträts.

Nach der Getreidegasse, dem Rathausplatz und dem Kranzlmarkt kommen Sie zum **Alten Markt** – der ideale Ort, um bei Kaffee und Kuchen dem bunten Treiben zuzuschauen. Gehen Sie von der Nordostecke des Alten Marktes entlang des Residenzplatzes bis zum **Mozartplatz**, dessen Mitte eine Statue des Komponisten von 1842 ziert.

Am rechten Ufer der Salzach
Gehen Sie am rechten Ufer der Salzach flussabwärts bis zum Makartplatz. Im Haus Nr. 8, dem **Mozart-Wohnhaus** (auch Tanzmeistersaal), lebte die Familie Mozart von 1773 bis 1780. Heute befindet sich hier ein Museum mit zahlreichen Dokumenten und Porträts sowie Mozarts Hammerklavier. Allen zugänglich ist auch die Mozart Ton- und Filmsammlung mit 22 000 Audiotiteln sowie 2800 Videoproduktionen.

Die **Dreifaltigkeitskirche** mit ihrer konkaven Fassade ist ein barockes Meisterwerk von Fischer von Erlach (1694–1702).

Das große Gebäude an der Südwestseite des Platzes ist das **Landestheater**. Im nahen **Marionettentheater** können Sie einer Puppenaufführung der *Zauberflöte* beiwohnen. Weiter nordöstlich befindet sich die Musikakademie, das **Mozarteum**.

Königin Maria Theresia ist vom jungen Mozart völlig entzückt.

CORBIS/Bianchetti

SALZKAMMERGUT

Prächtig ist die Gebirgs- und Seenlandschaft östlich von Salzburg, das Salzkammergut. Der **Mondsee** glitzert am Fuß der Drachenwand und des Schafbergs. Der gleichnamige Ort entstand rund um eine Benediktinerabtei Ende des 15. Jh., die nun als Heimat- und Pfahlbauermuseum dient. Zu sehen sind neben Steinzeitfunden Werke von Meinrad Guggenbichler (1649–1723, aus Einsiedeln, Schweiz), der größtenteils auch für die Ausgestaltung der Pfarrkirche sorgte.

Vom Südende des Mondsees geht es auf einer schmalen, in den Fels gehauenen Straße nach **St. Gilgen** am Wolfgangsee. Hier kam 1720 Mozarts Mutter zur Welt; heute trifft man viele Wassersportler, v. a. Windsurfer. Mit dem Raddampfer oder Auto gelangt man nach **St. Wolfgang,** das schon seit dem 12. Jh. Wallfahrtsort ist; seine Kirche birgt den 1481 vollendeten herrlichen Flügelaltar von Michael Pacher, dessen Mittelteil die gekrönte Gottesmutter zeigt. Am Seeufer steht das aus Ralph Benatzkys Operette *Im Weißen Rössl* bekannte Hotel gleichen Namens.

Bad Ischl, östlich von St. Wolfgang, war unter Kaiser Franz Joseph eines der größten Kulturzentren Europas. Der Monarch kam jeweils im Sommer zur Jagd und zur Badekur hierher. Zudem verkehrten hier alle großen Musiker und Künstler des 19. Jh.: Johann Strauß, Brahms, Lehár, Nestroy, Anton Bruckner u. a. Franz Josephs Gattin Elisabeth (»Sisi«) zog der eher strengen Kaiservilla (zugänglich) das kleine Marmorschlössl im Park vor, das nun ein Fotografiemuseum birgt.

Südlich von Bad Ischl liegt **Hallstatt,** eines der malerischsten Dörfer Österreichs, das sich zwischen dem See und den bewaldeten Hängen des Dachsteins erstreckt. In der Jungsteinzeit baute man hier Salz ab, wie das Ortsmuseum zeigt. Die Region gehört zum UNESCO-Welterbe.

Die Straße nördlich von Bad Ischl durch das **Trauntal** war eine der bedeutenden Salzrouten Europas. An der Nordspitze des **Traunsees,** des tiefsten Österreichs, liegt das hübsche **Gmunden,** das dank der Fernsehserie *Schlosshotel Orth* – das kleine Schloss auf der kleinen Insel war der Drehort der Serie – bekannt wurde. An reizenden Hügeln, Wäldern und Gärten vorbei, gelangen Sie über **Steinbach am Attersee** zum **Buchberg,** wo Sie eine schöne Aussicht haben.

Im **Landhaus** hat die Regierung von Oberösterreich ihren Sitz. Das **Schlossmuseum**, Teil des OÖ Landesmuseums, dokumentiert die Natur-, Kultur- und Kunstgeschichte Oberösterreichs. Die kleine **Martinskirche** galt lange als ältestes Gotteshaus Österreichs.

Pöstlingberg
Den Hausberg erreichen Sie nun mit der neuen Tram Nr. 50 ab Hauptplatz, das als Adhäsionsbahn 10,5 % Steigung meistert.

Von Linz bis Mauthausen
Hinter dem Linzer Hafen und der Mündung der Traun folgt bei km 2120 die Schleuse Abwinden-Asten. Die ehemalige kaiserliche Zollstation **Mauthausen** (km 2112) am Zusammenfluss von Donau und Enns war im 20. Jh. das größte Konzentrationslager von Österreich. Kapelle und Denkmal erinnern an die Opfer. Nur 17 km weiter wird beim Kraftwerk Wallsee-Mitterkirchen erneut geschleust.

Strudengau
Gefährlich war die Flussschifffahrt bei **Grein** (km 2079), heute die »Perle des Strudengaus« genannt. (Der Name Grein soll sich auf die ausgestoßenen Angstschreie der Schiffer beziehen.) Beachtung verdienen das Rokokotheater und die **Greinburg** mit ihrem malerischen Innenhof.

Das **LENTOS** Kunstmuseum von Linz am rechten Donauufer.

Auch die **Burg Werfenstein** in Struden (km 2076) und die malerische Ruine **Freyenstein** am rechten Ufer (km 2070) ziehen die Blicke auf sich.

Nach der felsigen und einst gefährlichen Flussstrecke zwischen Dornach und Persenbeug (km 2060) – wo bei der Schleuse des 1958 erbauten Wasserkraftwerks Ybbs-Persenbeug am linken Ufer das habsburgische barocke **Schloss Persenbeug** thront – endet das Strudengau.

Nibelungengau
Nach Strudengau folgt einer der romantischsten Abschnitte der Donau in Österreich: Auf 24 km fließt sie von Ybbs bis nach Emmersdorf a. d. Donau (unmittelbar bei Melk) durch den Nibelungengau. Hier spielt sich ein Teil des Nibelungenliedes ab. Viel besucht ist die kleine Wallfahrtsbasilika in **Maria Taferl** oberhalb der Ortschaft Marbach (km 2050).

Wachau

Jenseits der Kraftwerksschleuse Melk (km 2038) beginnt die Wachau, UNESCO-Welterbe seit 2000. Sie ist ein 30 km langes, liebliches Engtal zwischen Melk und Krems.

Freundliche Dörfer inmitten von Aprikosenhainen und Weinbergen wechseln ab mit düsteren Burgruinen auf schroffen Felsen. Hier gedeihen einige der besten Weißweine Österreichs. Im Frühling verleihen die blühenden Marillenbäume dem Tal einen feinen weißen Schleier und im Herbst leuchtet das Weinlaub golden. Die Wachau ist von Wien aus leicht im Auto (90 km auf der Autobahn) oder mit dem Donaudampfer zu erreichen.

Melk

Der im Nibelungenlied als »Medelike« erwähnte Ort war schon im 9. Jh. besiedelt, erhielt jedoch erst 1898 Stadtrechte. Im Mittelalter blühte hier der Handel mit Salz, Wein und Eisen. 1548 legte ein Brand den Ort fast völlig in Schutt und Asche, die Gebäude wurden danach im Renaissancestil wieder aufgebaut. (Die barocken Fassaden stammen aus dem 18. Jh.).

Nach einem kurzen Rundgang durch die Stadt Melk gelangen Sie über den Stiftsweg hinauf zur Benediktinerabtei; sie brachte der Gemeinde Ruhm und Ansehen.

Stift Melk

Nachdem Sie den Vorhof durchquert haben, stehen Sie vor der beeindruckenden Ostfassade des Klosters. Jakob Prandtauer erhielt im 18. Jh. den Auftrag, die bestehende Festung in einen Barockpalast zu verwandeln, Josef Munggenast führte ihn zu Ende.

Stiftsmuseum

In ehemaligen Kaiserzimmern wurde das Museum eingerichtet. In elf Räumen lernt man auf faszinierende Art und Weise die Geschichte der Abtei kennen sowie mehr zum Thema Religion.

Weitere Räume

Der reich mit Deckenfresken und anderen Verzierungen ausgestattete **Marmorsaal** wurde früher als Speisesaal für Gäste genutzt. Über die **Altane** (Terrasse) – mit grandioser Aussicht – erreichen Sie die **Bibliothek** mit rund 100 000 wertvollen Bänden und 2000 Manuskripten. Der Raum an sich ist bereits ein Kunstwerk.

Stiftskirche

Über eine Wendeltreppe steigt man von der Bibliothek hinunter in die Stiftskirche. Hier sind in erster Linie der Hochaltar, die Kanzel, die schön geschnitzten Beichtstühle und das Chorgestühl, die Deckenfresken von Johann Michael Rottmayr und die große Orgel sehenswert.

Melker Kreuz

Zu den Prunkstücken der Schatzkammer gehört das berühmte, mit Perlen und Edelsteinen verzierte Melker Kreuz, das einen Splitter vom Kreuz Christi enthalten soll. Es wurde angeblich im 12. Jh. geraubt, gelangte dann auf mysteriösen Wegen ins Kloster zurück. Aus Sicherheits- und konservatorischen Gründen wird es nur zu besonderen Anlässen gezeigt.

Zwischen Melk und Dürnstein
Zum Greifen nahe erscheint am rechten Ufer auf einem Felsen **Schloss Schönbühel** (km 2032) und auf einem schroffen Berggipfel zieht sich die Ruine der mittelalterlichen Raubritterburg **Aggstein** hin (km 2025). Gegenüber in **Willendorf** (km 2024) fand man 1908 die berühmte *Venus von Willendorf*, ein altsteinzeitliches Fruchtbarkeitssymbol. Der Weinort **Spitz** (km 2019) wartet mit der Mittelalterburg »Hinterhaus« auf. Das von Weinbergen umgebene **Weißenkirchen** (km 2013) wird von einer mächtigen Wehrkirche dominiert, deren Hauptturm 1531 zum Schutz vor den Osmanen gebaut wurde.

Stift Melk thront majestätisch über dem Fluss. | **Die reich geschmückte, barocke Decke im Marmorsaal von Stift Melk.** | **Die Strecke entlang der Donau ist auch bei Radlern beliebt.**

Dürnstein

Das hübsch am Donauufer liegende barocke Städtchen (km 2009) kann man nur zu Fuß besichtigen, die Autos bleiben am Stadtrand!

Ruine Dürnstein

Dürnstein ist vor allem für seine ehemalige »Burg Hademars von Kuenring« bekannt, in der im 12. Jh. der englische König Richard Löwenherz gefangen gehalten wurde. Er hatte im 3. Kreuzzug den Babenberger Herzog Leopold V. verärgert und wurde beim Versuch, durch das Donautal zu entkommen, in Wien festgenommen. Laut der Legende fand ihn sein getreuer Sänger Blondel hier wieder, als der König dessen Stimme und Gesang erkannte und selbst einstimmte. Nach dem Angriff der Schweden 1645 blieb nur eine Ruine zurück.

Stiftskirche

Die in heiterem Blau und Weiß erstrahlende Stiftskirche besitzt einen der schönsten Barocktürme von ganz Österreich. Durch das Prunkportal und den friedvollen Stiftshof gelangen Sie ins Innere des Gotteshauses. Über der geschnitzten Kanzel wachen (wie auch über dem Portal) die drei göttlichen Tugenden, nämlich Glaube, Hoffnung und Liebe. Auch der hübsche Kreuzgang ist einen Besuch wert.

Hauptstraße

An der im Osten vom **Kremser Tor** begrenzten Hauptstraße sieht man viele hübsche Bürgerhäuser aus dem 16.–18. Jh., darunter einige, die mit Sgraffitoschmuck verziert sind. Sie kommen auch beim spätgotischen **Rathaus** mit dem schönen Innenhof vorbei.

Kellerschlössl

Im Kellerschlössl (1715), das einen alten Weinkeller besitzt und reich mit Fresken und Reliefs verziert ist, schmecken die Weinproben besonders köstlich. Gesünder ist ein erholender Spaziergang entlang des Donauufers.

Krems an der Donau

Krems (km 2002), das mit Stein und dem Verbindungsort namens »Und« (kein Scherz!) ein Ganzes bildet, gilt als schönste Stadt Niederösterreichs und als Zentrum der regionalen Weinherstellung.

Untere Landstraße

Entlang der Unteren Landstraße kommen Sie am **Kleinen Sgraffitohaus** und dem **Simandlbrunnen** vorbei, der darstellt, wie Männer nach einem Zechabend zu Hause empfangen werden können.

Über den Wegscheid gelangen Sie zum Hohen Markt, dem ältesten Platz von Krems. Hier prangt die gotische **Gozzoburg**, die sich Stadtrichter Gozzo im 13. Jh. im italienischen Stil erbauen ließ. Heute werden in der Gozzoburg »Erlebnisführungen« zum Thema Mittelalter veranstaltet.

Kirchen

Die **Piaristenkirche** birgt sehr viele Werke des »Kremser Schmidt«. Dieser Künstler, der eigentlich Martin Johann Schmidt hieß, lebte 1718–1801 und schmückte die meisten Kirchen der Gegend mit seinen Bildern. Die **Pfarrkirche St. Veit** (Dom der Wachau) ist ein schöner Barockbau, an dessen Ausstattung bedeutende Künstler mitwirkten. Die großen Deckenfresken und der Allerseelenaltar stammen vom Kremser Schmidt.

Museumkrems

In der Dominikanerkirche und den Klosterbauten ist heute das Museumkrems untergebracht, das neben der Entwicklung des Weinbaus auch die Stadtgeschichte dokumentiert.

Obere Landstraße

Das **Steiner Tor** am Ende der Oberen Landstraße war Teil der Festungsmauer. Seine Rundtürme stammen aus dem 15. Jh. Ferner gibt es einige schöne Renaissance-Bauten und für eine gelungene Pause Heurigenlokale.

Stein

Die Steiner Landstraße in Stein zeichnet sich durch schöne Gebäude aus. Die **Minoritenkirche** entstand in der Übergangszeit von der Romanik zur Gotik; der **Pfarrhof** hat prachtvolle Rokoko-Stuckverzierungen. Über der Stadt erhebt sich der siebenstöckige Turm der **Frauenbergkirche**.

Stift Göttweig

Weithin sichtbar thront Stift Göttweig auf einem 422 m hohen Hügel südlich der Donau. Die bedeutende Benediktinerabtei wurde 1083 gegründet und 1718 nach einer Feuersbrunst von Johann Lucas Hildebrandt zur barocken Anlage umgebaut. Die Ausstellung *Klosterleben* stellt den Klosteralltag vor, das Museum im Kaisertrakt die Geschichte der Abtei.

Tullner Becken

An den Wasserkraftwerken Altenwörth (km 1980) und Greifenstein (km 1949) passieren die Schiffe Schleusen. Das Kernkraftwerk bei Zwentendorf (km 1977) ging nach einem Volksentscheid 1979 nie ans Netz. Die Stadt **Tulln** (km 1963) war das römische Reiterlager *Comagna*, später ein bedeutender mittelalterlicher Handelsort.

Klosterneuburg

Das Augustinerstift in Klosterneuburg (km 1939) wurde 1114 gegründet und im 18. Jh. barock ausgebaut. Karl VI. gab den Auftrag, hier ein kaiserliches Klosterschloss nach dem Vorbild des Escorial der spanischen Habsburger zu errichten. Von den geplanten neun Kuppeln, die alle die Krone Habsburgs tragen sollten, wurden jedoch nur zwei fertiggestellt. Mittelpunkt des Stifts ist in der Leopoldskapelle der *Verduner Altar* von 1181 mit biblischen Szenen auf 45 Emailtafeln.

Informieren Sie sich über Führungen beim Eingang, auf dem Vorplatz des Stifts.

Das neue **Essl Museum – Kunst der Gegenwart** (unterhalb des kleinen Stadtzentrums – An der Donau 1) zeigt insbesondere österreichische Kunst nach 1945 und zeitgenössische Kunst; Sonderausstellungen widmen sich meistens einzelnen Ländern.

Wien

Die gut 1,75 Mio. Einwohner der österreichischen Hauptstadt sind noch heute so international wie zur Zeit der Donaumonarchie: Ungarn, Deutsche, Tschechen, Slowaken, Spanier, Polen, Italiener und andere sind hier vereint. Alle haben die Architektur, Musik und Malerei der Stadt geprägt.

Wahrzeichen der Stadt

Trendige und historische Wahrzeichen der Hauptstadt Österreichs, der **Millennium Tower** am rechten und der Komplex der **UNO-City** am linken Ufer – jenseits der künstlichen Donauinseln von 1988 – sowie die **Reichsbrücke** bei km 1928 künden rechts und links der 1870 kanalisierten Donau die Metropole an. Für Ausflugsboote zweigt bei km 1934 der schmale **Donaukanal** zur Innenstadt ab.

Stephansdom

Mit seiner romanischen Westfassade, dem gotischen Turm und dem Barockaltar ist der Dom ein gutes Beispiel für die Begabung der Wiener, große Baustile harmonisch miteinander zu verschmelzen. Vom Nordturm haben Sie eine großartige Aussicht auf Wien und die 20 t schwere »Pummerin«, Nachfolgerin der im Krieg zerstörten Glocke, die 1683 aus eingeschmolzenen türkischen Kanonen gegossen wurde.

Mozarthaus

Von 1784–87 wohnte Wolfgang Amadeus Mozart mit seiner Frau Constanze im Haus an der Domgasse 5. Sie können die Wohnung und Ausstellungen zum Leben und Werk des Komponisten sehen, hier komponierte er 1785 die »Hochzeit des Figaro«.

Kärntner Straße

Vom Stephansdom aus südwestlich erstreckt sich die Kärntner Straße, eine Fußgängerzone mit vielen Cafés, an der auch die elegantesten Geschäfte der Stadt liegen. Sie führt an der weltberühmten **Staatsoper** vorbei zum Ring.

Gehen Sie von der Staatsoper über den Albertinaplatz in Richtung Hofburg. Die **Albertina** beherbergt eine reiche Sammlung, in der u. a. da Vinci, Dürer, Raffael, Rubens, Rembrandt, Klimt und Schiele vertreten sind.

Hofburg

Einer der eindrücklichsten Bauten Wiens ist die Hofburg, seit dem 13. Jh. Residenz der österreichischen Herrscher. Seit 1945 wohnt hier der amtierende Bundespräsident.

Einblick in die habsburgische Prunkentfaltung gewährt die 45-minütige Führung durch die **Kaiserappartements** (Eingang am Michaelerplatz). Hier befindet sich auch das der Kaiserin Elisabeth gewidmete **Sisi Museum**. In der **Schatzkammer** im Schweizerhof strahlen die Insignien des »Heiligen Römischen Reiches«,

Das Neujahrskonzert der Wiener Philharmoniker im Musikverein ist jedes Jahr ein großes Ereignis. | Die Ballsaison gehört ebenso zu Wien wie die Spanische Hofreitschule.

Sisi: Mythos und Realität. Im Gegensatz zu dem kitschigen Bild, das die Filme der 1950er-Jahre vermitteln, war Kaiserin Elisabeth (1837–1898) eine intelligente, kultivierte Frau, die sich sehr um das Schicksal des ungarischen Volkes kümmerte. Sie wurde mit 16 Jahren mit ihrem Vetter Franz Joseph verheiratet und befand sich fortan unter der strengen Aufsicht ihrer Schwiegermutter Sophie, die später auch die Erziehung der Enkel übernahm. Elisabeth erkrankte und flüchtete auf die Insel Madeira. 1867 ließ sich das Kaiserpaar als König und Königin von Ungarn krönen: Die Doppelmonarchie war geboren. Doch auch dies hielt Sisi nicht im Palast zurück. Nachdem sie ihrem Gatten vier Kinder geschenkt hatte, beschloss sie mit 40 Jahren, ihrer Leidenschaft für die Dichtung und das Reisen zu frönen.

Ein Schlag für die Kaiserin war der Selbstmord des Thronfolgers Rudolf, der 1889 in Mayerling mit seiner Geliebten, der Baronin Marie Vetsera, aus dem Leben schied. 1898 wurde Elisabeth bei einem Spaziergang auf dem *Quai du Mont-Blanc* in Genf vom italienischen Anarchisten Luigi Lucheni mit einer zugespitzten Feile erstochen.

istockphoto.com/HultonArchive

---

darunter die mit Perlen, Smaragden, Saphiren und Rubinen besetzte Kaiserkrone. In der **Burgkapelle** (1449) singen die Wiener Sängerknaben zur Messe. In der **Spanischen Hofreitschule** werden die Lipizzaner noch nach den Methoden des 17. Jh. trainiert.

Der Ring

Keine Stadtrundfahrt lässt diesen Prachtboulevard aus (er entstand 1860 und umschließt die Innenstadt), da er von äußerst spektakulären Bauwerken umgeben ist. Nördlich der Hofburg liegt der **Volksgarten** und das **Burgtheater**, noch weiter nördlich die **Universität** und die **Votivkirche**. Gegenüber der Hofburg liegen rechter Hand des **Maria-Theresien-Platzes** das **Naturhistorische**– und linker Hand das **Kunsthistorische Museum**.

Das **MAK Wien** – das **Österreichische Museum für angewandte Kunst** am Stubenring 5 (östlicher Teil des Rings) – wurde 1867–71 erbaut; daneben entstand später die Universität für angewandte Kunst mit ihrer bunten Fassade. Das MAK ist das Schaufenster der Wiener Werkstätten, es besitzt Sammlungen zu Kunsthandwerk, Design, Architektur sowie Gegenwartskunst und lohnt den Besuch.

Genialer Hundertwasser

Das **Kunst Haus Wien – Museum Hundertwasser**, ein Bau von Friedensreich Hundertwasser an der Unteren Weißgerberstraße 13 (östlich des Bahnhofs Wien Mitte und City Air Terminal), ist ein Muss. Es besteht aus wiederverwertetem Altmaterial und zeigt Wechselausstellungen. Im Museum sind die Werke des Künsters zu bestaunen. Das **Hundertwasser-Haus** an der Kegelgasse 36–38 ist ein Glanzbeispiel für Nonkonformismus und Umweltbewusstsein.

Belvedere

Unter dem Namen Belvedere sind heute verschiedene Ausstellungsorte vereint.

Unteres und Oberes Belvedere

Das Palais diente Prinz Eugen als Sommerresidenz, der ab 1716 hier wohnte. Es bietet prachtvolle Säle wie die Marmorgalerie, das Goldkabinett und den Groteskensaal. Im Palais und der **Orangerie** sind Wechselausstellungen zu sehen, im **Prunkstall** ist sakrale Kunst des Mittelalters ausgestellt.

Das Eingangsportal zum **Oberen Belvedere** mit zwei Löwen und feinem Gitterwerk wirkt elegant. Zur Sammlung des Belvedere – vom Mittelalter bis in die Gegenwart – gehören Gemälde von Gustav Klimt *(Der Kuss),* Egon Schiele, Hans Makart und Oskar Kokoschka.

21er Haus

Im ehemaligen Pavillon der Expo 58 in Brüssel wird im renovierten 21er Haus österreichische Kunst des 20. und 21. Jh. gezeigt.

Winterpalais

Im Barockjuwel an der Himmelpfortgasse (Nähe Kärntnerstraße) sind neben Prunkräumen auch Wechselausstellungen zu sehen.

MuseumsQuartier Wien– MQ

Hinter der rosa Fassade der ehemaligen kaiserlichen Hofstallungen verbirgt sich das spektakuläre MuseumsQuartier mit über 60 kulturellen Einrichtungen.

Museum Moderner Kunst MUMOK

Zum MQ gehört der graue Kubus von Orter & Ortner, das Museum Moderner Kunst. Gezeigt werden u. a. Gemälde von Klee, Kandinski, Kokoschka, Magritte und Léger sowie Skulpturen von Brancusi, Giacometti und Ernst.

Leopold Museum und Zoom

Im **Leopold Museum** kann man sich anhand der wichtigsten Sammlung von Egon Schiele (1890–1918) mit dem allzu früh verstorbenen Künstler vertraut machen.

Das **ZOOM Kindermuseum** mit seinen Ateliers, Hands-on-Ausstellungen, Workshops und dem Erlebnisbereich Ozean ist ein Paradies für kleine und große Kinder.

Gustav Klimt. Er war ein Pionier der modernen Malerei in Österreich und einer der bedeutendsten Vertreter des Wiener Jugendstils. Gustav Klimt (1862–1918) war zudem Mitbegründer der Künstlervereinigung der Secession, die er 1897–1905 leitete. Erst gegen Ende des 19. Jh. entwickelte er seinen persönlichen Stil, der von den französischen Impressionisten und Symbolisten, den Präraffaeliten und dem deutschen Jugendstil beeinflusst war.

Zu Klimts berühmtesten Werken gehören *Der Kuss* (im Belvedere), der *Beethovenfries* (in der Secession) und natürlich seine Frauenporträts.

Österreichische Galerie Belvedere Wien

Außergewöhnliche Männer
Einen Besuch wert sind auch **Schuberts Geburtshaus** an der Nussdorferstraße 54, das **Haydnhaus** an der Haydngasse 19, das **Beethovenhaus** am Heiligenstädter Pfarrplatz sowie die **Johann-Strauß-Wohnung** an der Praterstraße 54. Begegnen können Sie dem Gründer der Psychoanalyse im **Sigmund Freud Museum**, in seiner einstigen Wohnung an der Berggasse 19.

Schönbrunn
Das zum UNESCO-Weltkulturerbe gehörende Schloss Schönbrunn ist mit der grünen U-Bahn-Linie vom Stadtzentrum Wiens leicht erreichbar. Das Schloss spiegelt die Persönlichkeit von Maria Theresia, Erzherzogin von Österreich, Königin von Böhmen und Ungarn hervorragend wider.

Schlosspark
Erkunden Sie den Park zuerst. Auf einer Anhöhe, von der Sie einen herrlichen Ausblick auf Wien haben, thront die klassizistische **Gloriette**, ein 1775 entstandener markanter Arkadengang.

Prächtiger Palast
Im Schloss sehen Sie u. a. den Spiegelsaal, in dem Mozart sein erstes Hofkonzert gab, und das Napoleonzimmer, wo Napoleon auf dem Weg nach Austerlitz einst schlief. Beeindruckend sind die Gemächer von Kaiser Franz Joseph und Elisabeth und die fünfzehn Empfangssäle. Sie sind prunkvoll möbliert; den Wänden wurde mit Tapeten aus Brokatdamast, vergoldeten Barocktäfelungen mit Lackarbeiten besondere Beachtung geschenkt.

Wienerwald

Das 45 km lange und bis zu 30 km breite Mittelgebirge bietet herrliche Wandermöglichkeiten und ist ein Erholungsgebiet der Wiener. 2005 wurde die Fläche von 1000 km² zum Biosphärenpark der UNESCO erklärt. Diese letzten Alpenausläufer bestehen nicht nur aus Wald, an sonnigen Hängen gedeihen vielerorts auch Reben.

Stift Heiligenkreuz

Diese beeindruckende Zisterzienserabtei aus dem 12. Jh. – heute leben noch 98 Mönche hier – liegt idyllisch gebettet im Wienerwald. Das romanische Kirchenschiff und der gotische Chor der Basilika blieben erhalten sowie der Kreuzgang mit roten Marmorsäulen. Das barocke Chorgestühl und die Pestsäule im Hof stammen vom venezianischen Künstler Giuliani.

Mayerling

Von Heiligenkreuz sind es 3 km bis nach Mayerling, das mit einem tragischen Ereignis das Kaiserreich erschütterte. Der mit Stephanie von Belgien verheiratete Kronprinz und Erzherzog Rudolf teilte die liberalen Ideen seiner Mutter, Kaiserin Elisabeth und unterstützte die Forderungen der ungarischen Parlamentsopposition, was der Aristokratie missfiel. Er verliebte sich in die 17-jährige Baronesse Maria Vetsera und verlangte gegen den Willen seines Vaters, Kaiser Franz Joseph, die Annullierung seiner Ehe durch den Papst. Ende Januar 1889 erschoss Rudolf im Jagdpavillon seine Geliebte und beging dann Selbstmord. Am Standort des Pavillons ließ Franz Joseph ein Karmeliterkloster errichten.

Gumpoldskirchen

Es ist eines der reizvollsten Winzerdörfer der Gegend und Heimat des berühmten gleichnamigen Weißweins. Neben dem Rathaus (16. Jh.) und einer gotischen Kirche lohnen auch die typischen Heurigenlokale einen Besuch.

Wien-Freudenau

Kurz vor der Einmündung des Donaukanals (km 1921) passieren die Schiffe die Schleuse Wien-Freudenau von 1997 und das jüngste der neun österreichischen Donau-Wasserkraftwerke. Ein weitaus größeres Stromgewinnungsprojekt war in den 1980er-Jahren stromabwärts geplant. Dieses Projekt hätte jedoch die Flussniederung überschwemmt und die Auwälder mit ihrer reichen Fauna und Flora vernichtet. Dagegen protestierten 1984 Tausende von Naturfreunden und erreichten dadurch, dass 1996 die letzten 40 km natürlicher Donauniederung bis zur March-Mündung als **Nationalpark Donau-Auen** geschützt wurden.

Petronell-Carnuntum

Vor 2000 Jahren wurde auf dem Gebiet des Ortes Petronell-Carnuntum (km 1890) das Römerkastell *Carnuntum* an strategisch hervorragender Stelle angelegt: Es bewachte die Donau als römische Reichsgrenze und lag nahe dem Schnittpunkt zweier europäischer Handelswege. Auch hatten es die Römer nicht weit bis zur Jod-Schwefel-Therme des heutigen **Bad Deutsch-Altenburg** (km 1887) am Hang der »Hundsheimer Berge«.

Hainburg an der Donau

Hainburg (km 1884) nennt sich Haydn-Stadt, weil der nahebei in Rohrau geborene Komponist die hiesige Schule besuchte. Eine Burgruine und Stadttore erinnern an die Bedeutung des Ortes an der Kreuzung alter Handelswege. Nach der »Hainburger Pforte«, ein Durchlass an der Donau, mündet bei km 1880 am linken Ufer die **March** bzw. *Morava* (km 1880) in die Donau; flussaufwärts bildet die March die österreichisch-slowakische Grenze.

Jahrtausendelang war dieses Tor zu den Karpaten immer wieder umkämpft; hier wachte die Festung **Devín** (Theben) von der Keltenzeit bis ins 17. Jh. über beide Flüsse. Die Ruine auf der slowakischen Seite gehört zu den malerischsten entlang der Donau. Die heutige Grenzlinie, seit 2004 eine Binnengrenze der EU, setzt sich von der Mündung noch 7 km donauabwärts fort, um dann nach Süden abzuschwenken.

Friedensreich Hundertwasser. Der Maler Fritz Stowasser, besser bekannt als Friedensreich Hundertwasser (1928–2000), hat mit seinen Bauwerken mehr als einen Wiener vor den Kopf gestoßen. In der poetischen Bilderwelt seiner Malerei, für die er Formelemente des Jugendstils und des Sezessionismus aufgriff und die sich durch kostbar leuchtende Farben auszeichnet, ist die Spirale das vorherrschende Motiv. In den 1950er- und 60er-Jahren machte Hundertwasser mit Manifesten auf sich aufmerksam und setzte sich für eine menschen- und naturgerechtere Architektur ein. In seinen Bauwerken gilt die »Toleranz der Unregelmäßigkeiten«.

Renata Holzbachová

Die Burg von Bratislava wacht stolz über die Stadt und die Donau.

Von Bratislava bis Mohács

Die Hauptstadt der Slowakei liegt am Fuß der Kleinen Karpaten, im Dreiländereck nur rund 60 km von Wien und 200 km von Budapest entfernt.

Bratislava

Die rund 415 000 Einwohner zählende Stadt (km 1869) ist ein wichtiger Donauhafen und heute ein bedeutender Industrie- und Messestandort. Unter der Donaumonarchie hieß sie Pressburg, während der Türkenzeit, als sie die ungarische Hauptstadt war, »Pozsony«. Der »Kleine Pressburger« (Prešporáčik), der rote Bummelzug, führt an den wichtigsten Plätzen und Gebäuden vorbei. Erklärungen in verschiedenen Sprachen geben einen ersten Überblick über die einladende Stadt.

Burg (Hrad)

Weithin sichtbar thront der majestätische Bau mit seinen vier Ecktürmen auf einem Hügel über der Donau. Die schon im Mittelalter entstandene Feste wurde im 17. und 18. Jh. umgestaltet. 1811 zerstörte ein Brand die Burg; sie wurde erst nach 1953 wiederaufgebaut. Die für Besucher zugänglichen Räume wurden kürzlich komplett renoviert und beherbergen einen Teil der Sammlung des Slowakischen Nationalmuseums, die Schatzkammer und eine Ausstellung über die Geschichte der Burg und der Slowakei. Von den unter Maria Theresia angelegten **Burggärten** haben Sie einen schönen Blick auf die Altstadt und die Donau.

Altstadt

Durch das **Sigismundtor** verlassen Sie die Burggärten und gelangen über die Burgstiege hinunter in die Gassen der Altstadt. Das schmale Rokokohaus »Zum Guten Hirten« *(Dóm U dobrého pastiera)* in der *Zidovská ulica 1* birgt ein sehenswertes Uhrenmuseum.

Martinsdom

Der weiße *Dóm sv. Martina* aus dem 14. Jh. gilt als eines der schönsten gotischen Bauwerke der Slowakei. Von 1563 bis 1830 wurden hier elf ungarische Monarchen und acht Königsgattinnen gekrönt. Noch ziert als Symbol eine goldene Krone die Turmspitze. Das Erzbistum Bratislava nutzt den Bau seit 2008 als seine *Katedrála svätého Martina*.

Hauptplatz

Vom Martinsdom gelangt man entlang der Straße *Panská ul* zum *Hlavné namésti*. Sehenswert ist das **Alte Rathaus** (1325) an der Ostseite. Es beherbergt das reich ausgestattete **Stadtmuseum**.

Primatialpalast
In diesem klassizistischen Bau des 18. Jh. unterzeichneten Napoleon I. und Kaiser Franz I. von Österreich – 1805 nach der Schlacht von Austerlitz – den »Frieden von Pressburg«. Hier befindet sich ein Teil der Sammlungen der **Städtischen Galerie**.

Michaelstor
Das Stadttor (14. Jh.) – heute ein 51 m hoher Turm – wurde nach und nach aufgestockt. 1758 kam eine barocke Kuppel dazu, auf der der hl. Michael thront und die Altstadt beschützt.

Reduta-Palast
Im renovierten Reduta-Palast, dem Sitz des Slowakischen Philharmonischen Orchesters, werden Opern und Operetten inszeniert sowie Konzerte abgehalten.

Theater und Museen
Im eleganten Viertel um den lang gezogenen Platz *Hviezdoslavovo nam* befinden sich Theater, Museen und Hotels. Das **Slowakische Nationaltheater** von 1886 wurde 2007 östlich der Altstadt durch einen Neubau ergänzt. Er liegt nordöstlich der **Starý most**, der »Alten Brücke« (die bis Ende 2015 rekonstruiert wurde) sowie im neuen Stadtviertel **Eurovea**. Auf dem Weg dorthin, entlang der *Mostová ul* und der *Rázusova nábrežie*, kommen Sie an der **Slowakischen Nationalgalerie** (*Slovenská národná galéria*) vorbei; sie zeigt Kunst aus der Slowakei von der Gotik bis ins 20. Jh.

Nahe der Anlegestelle der Flussfahrtschiffe befindet sich der Hauptsitz des **Slowakischen Nationalmuseums** (*Slovenské národné múzeum*).

Donaubrücke Nový Most
Die 1972 fertiggestellte »Neue Brücke« besitzt einen einzigen, 85 m hohen Pfeiler, auf dessen Spitze sich ein Panoramarestaurant befindet.

Gabčikovo-Kanal
Nur 23 km fließt die Donau zwischen Österreich und Ungarn durch slowakisches Gebiet, um ab km 1850 auf einer Länge von 144 km als slowakisch-ungarischer Grenzfluss zu dienen. Doch für eine Strecke von 38 km verlassen die Donauschiffer hinter Bratislava den Hauptstrom, um sich ab km 1853 auf den bis zu 500 m breiten und von hohen Deichen geschützten Gabčikovo-Kanal zu begeben, der nur durch slowakisches Gebiet führt.

Danubiana
Meulensteen Art Museum
Bei Čunovo, wo sich Kanal und Fluss trennen, kann man im Vorbeifahren Kunst betrachten: im Freien stehen Skulpturen des modernen Danubiana Meulensteen Art Museum, dessen Rundbau ebenfalls am Ufer zu sehen ist.

Insellandschaften
Zwei kleinere Donau-Arme bilden riesige Insellandschaften beiderseits des Hauptstroms und des Kanals. Im Norden umschließt die **Malý Dunaj** (Kleine Donau) auf slowakischem Gebiet die

Originelle Skulptur im Stadtzentrum von Bratislava.

80 km lange »Žitný ostrov« (Großer Schütt), im Süden auf ungarischem Gebiet die **Mosoni Duna** (Mosoner/Wieselburger Donau) die 50 km lange »Szigetköz« (Kleiner Schütt). In den Sümpfen und Auwäldern lebt eine bedeutende Vogelwelt.

Donauregulierung
Nach 28 Kilometern staut sich das Kanalwasser am **Wasserkraftwerk Gabčikovo**, hier produziert die Slowakei 10 % ihres Strombedarfs. Die Schleusen von 1992 (20,4 m Fallhöhe) sind die zweithöchsten der Donau. Die Regulierung schützt das Hinterland vor Überschwemmungen und bietet der Schifffahrt kontrollierte Wasserstände. Da mehr als drei Viertel des Wassers durch den Kanal fließt, leidet die Donauniederung zeitweise an Wassermangel, was die Auwälder gefährdet. Kanalabwärts wird der Hauptstrom bei km 1811 wieder erreicht.

Straßenbrücken zwischen der Slowakei und Ungarn

Die folgenden drei Straßenbrücken über die Donau verbinden das slowakische linke mit dem ungarischen rechten Ufer:

Bei km 1806 führt die **Vámosszabadi-Brücke** in die 12 km südlicher liegende einstige Bischofsstadt **Györ**, genannt Raab während der k.u.k Donaumonarchie.

Bei km 1768 hat 1920 die Auflösung aus dem 1000-jährigen Komorn die Städte **Komárno** auf slowakischer und **Komárom** auf ungarischer Seite geschaffen. Gewaltige Festungsanlagen auf beiden Seiten des Flusses erinnern an die Furcht vor Türkeneinfällen im 16. und 17. Jh. Sie sind nach wie vor die Hauptsehenswürdigkeiten beider Städte, die durch die **Erzsébet hid** (Elisabethbrücke) miteinander verbunden sind.

Die **Maria-Valeria-Brücke** zwischen Štúrovo und Esztergom bei km 1719 ist Ausdruck des neuen europäischen Zusammenwachsens: Nach ihrer Zerstörung im Zweiten Weltkrieg durch deutsche Truppen gibt es erst seit 2001 wieder eine feste Verbindung zwischen den beiden Städten.

Die Basilika von Esztergom. | Altes Palais am Donauufer. | Die farbenfrohen ungarischen Trachten werden häufig bei Volkstänzen getragen.

Schloss Gödöllő. Als 1867 Kaiser Franz Joseph I. und Kaiserin Elisabeth von Österreich (Sisi) in der Matthiaskirche zum ungarischen Königspaar gekrönt wurden, erhielten sie zu diesem Anlass Schloss Gödöllő als Geschenk – einen Barockbau, den Andreas Mayerhoffer 1744–48 für den Grafen Grassalkovich 30 km nordöstlich von Budapest in Gödöllő errichtet hatte. Die regelmäßige Anwesenheit der königlichen Familie brachte dem kleinen Ort Ansehen und Wohlstand.

Kaiserin Sisi, die eine enge Beziehung zu Ungarn hatte, kam häufig in ihre Sommerresidenz, um der Wiener Hofetikette zu entfliehen und dem Reitsport zu frönen. Nicht nur die Ende des 20. Jh. renovierten Räume lohnen die Besichtigung, sondern auch der geschützte Schlosspark.

Esztergom

Rund 150 km südöstlich von Bratislava liegt bei km 1719 Esztergom, Ungarns erste Hauptstadt und Königssitz unter den Arpaden. König Stephan gründete die Kathedrale von Esztergom 1010. Nach den Mongoleneinfällen im 13. Jh. zog der Monarch aus, die königliche Residenz wurde Sitz des katholischen Erzbischofs *(Primas)*. 1543 musste Esztergom mit der Zerstörung durch die Türken einen hohen Preis für seine religiöse Bedeutung bezahlen. Trotz der Verfolgung des Klerus blieb die Stadt während geraumer Zeit das Zentrum der ungarischen Katholiken.

Basilika

Die riesige Basilika, die sich über der Stadt erhebt, ist die größte Kirche Ungarns. Die Bauarbeiten begannen 1822 und dauerten beinahe 40 Jahre. Die massige Kuppel erinnert an den Petersdom in Rom.

Der herausragendste Teil der gewaltigen Kirche ist die vom Vorgängerbau erhaltene **Bakócz-Kapelle** aus rotem Marmor (zu Beginn des 16. Jh. von florentinischen Handwerkern gebaut). Rechts vom Altar gelangt man in die **Schatzkammer** mit einer herrlichen Sammlung von Textilien und mittelalterlichen Goldreliquien, darunter auch das Krönungskreuz (13. Jh.), auf das die

istockphoto.com/Lane

ungarischen Monarchen noch bis zu König Karl IV. im Jahre 1916 den Treueeid leisteten.

In der **Krypta** befindet sich das Grab von Kardinal Mindszenty, der sich gegen die kommunistische Machtübernahme auflehnte und daraufhin gefangengenommen und gefoltert wurde. Während des Aufstands von 1956 kam er frei und fand Unterschlupf in der Botschaft der USA. Er starb 1975 im Exil und fand hier 1991 seine letzte Ruhestätte.

Steigen Sie zur **Kuppel** hoch, von hier bietet sich eine herrliche Aussicht.

Burgmuseum

Das **Balassa Bálint Múzeum** beherbergt Funde vom Kastell und eine Kapelle aus dem 12. Jh. Sehenswert ist auch der mittelalterliche Saal der Kardinalstugenden mit schönen Fresken.

Víziváros

Am Fuß des Hügels gelangt man in den malerischen Stadtteil Víziváros (wörtlich: »Wasserstadt«). Die hiesige Pfarrkirche stammt von 1738, der Umweg lohnt sich.

Der **Erzbischöfliche Palast** beherbergt das interessante **Kerstzény Múzeum** (Christliches Museum), dessen Sammlung kirchlicher Kunst die größte Ungarns ist. Hier finden Sie italienische Holzschnitte, Gemälde aus der Renaissance und den prunkvollen »Garamszentbenedek-Sarg«, der früher bei Osterprozessionen gezeigt wurde.

Donau-Ipoly-Nationalpark

Kurz hinter Esztergom zwängt sich die Donau zwischen den meist 300–400 m hohen, stellenweise bis über 900 m aufragenden Vulkanbergen des Börzsöny (im Norden) und des Visegráder

Gebirges (im Süden) hindurch, eine Flussstrecke mit wunderschönen Aussichten auf bewaldete Hügel, uralte Städtchen und Burgen. Ab km 1699, wo am linken Ufer der slowakisch-ungarische Grenzfluss *Ipoly* in die Donau mündet, wurden 1997 rund 600 km² der großartigen Landschaft zum *Duna-Ipoly Nemzeti Park* erklärt, Ungarns vielfältigstem Park. Hier leben zahlreiche seltene und streng geschützte Tier- und Pflanzenarten. Wer Glück hat, bekommt die am Ufer brütenden Würgfalken oder Schlangenadler zu Gesicht.

Donauknie
Nördlich von Budapest ändert die Donau unvermittelt ihren Lauf und biegt nach Süden ab. Die üppige Landschaft des Donauknies ist Ungarns beliebtestes Ferienparadies.

Visegrád bedeutet »Hohe Burg«; sie überschaut Stadt und Land.

Visegrád
Die Reste des prächtigen Palastes von König Matthias Corvinus, die obere Burg und Zitadelle (13. Jh.) gehören bei km 1695 zur Landschaft. Ein Teil der Residenz, die auf fünf Terrassen am Hang angelegt ist, wurde restauriert. Der Herkulesbrunnen bildet ein schönes Beispiel ungarischer Renaissancekunst, und die zierlichen Arkaden des Ehrenhofs sind bewundernswert.

Vác
Vác (km 1680) hat ein barockes Zentrum mit grünen, roten und ockerfarbenen Häusern, die über die Textilfabriken und Zementwerke am Stadtrand hinwegtrösten. Die Kathedrale aus dem 18. Jh. besitzt Fresken von Franz Anton Maulpertsch; sie ist der Himmelfahrt Mariens und dem Erzengel Michael gewidmet. Der Triumphbogen wurde für den Besuch der Kaiserin Maria Theresia erbaut.

Szentendre
Touristisches Mekka ist das bezaubernde Städtchen Szentendre (Sankt Andrä, km 1667) mit seinem barocken Stadtbild des 18. Jh. und hübschen Häusern in Regenbogenfarben. Der Főtér, der gepflasterte Hauptplatz, wurde zum Nationaldenkmal erhoben. Hier steht die griechisch-orthodoxe Mariä-Verkündigungs-Kirche (18. Jh.). Weitere sehenswerte Kirchen sind die katholische Pfarrkirche mit der alten Sonnenuhr und die Belgrad-Kathedrale, serbisch-orthodox (18. Jh.), mit einer verzierten Ikonostase.

Um die Ecke befindet sich der Eingang zum Serbisch-Orthodoxen Museum mit Ikonen und Manuskripten. Zu den beliebtesten Museen des Landes zählt am Vastagh György 1 das renovierte Margit-Kovács-Museum mit den liebenswerten Figuren der 1977 verstorbenen Keramikerin.

Szentendre-Insel
Die Donau bildet kurz hinter Visegrád die bis Budapest reichende 31 km lange Szentendre-Insel, die gern von Ausflüglern und Sportlern als Erholungs- und Freizeitgebiet besucht wird.

Skanzen
Das Freilichtmuseum Skanzen liegt 3 km nordwestlich von Szentendre und lohnt den Umweg für Groß und Klein.

Magyaren im Bade. Ungarn, das nur 1 % der Fläche Europas einnimmt, fehlt es an zwei wesentlichen geografischen Gegebenheiten: an Bergen, in denen man skifahren könnte, und an einer Meeresküste.

Der Binnenstaat muss sich mit der Donau und dem Plattensee (Balaton), Mitteleuropas größtem See, zufriedengeben. Das Baden im Plattensee soll gesund sein, sein Wasser ist reich an Kalzium und Magnesium. Eindeutig gut tut es den Fischen: Manche Hechte bringen bis zu 10 kg auf die Waage.

Die Ungarn, die nicht in der Donau oder im Plattensee baden, sind meist gerade irgendwo in ein Thermalbad eingetaucht: Es gibt rund 500 heiße Quellen im ganzen Land, die bereits die Römer zu schätzen wussten. Sich in diese Wasser zu setzen – und sie auch zu trinken –, soll alle möglichen Leiden kurieren. Bis zur Heilung kann man mehrere Partien Schach spielen ...

VISA/Louvet

Budapest

Die Stadt (km 1648) mit ihren 1,75 Mio. Einwohnern nennt sich auch das »Paris des Ostens« und stellt ihre Schönheit dynamisch und selbstbewusst aus. Bis zum 19. Jh. bestand die ungarische Hauptstadt aus zwei durch die Donau getrennte Städte, dem hügeligen Buda am rechten und Pest am linken Ufer.

Buda

Vom Ende der **Kettenbrücke** führt die **Standseilbahn** *(sikló)* auf den Burgberg zur Budaer Altstadt; Sie kommen gleich nördlich der Schlosstore an. Die Fahrt mit der 1870 eröffneten und 1983 elektrifizierten Bahn ist eine der malerischsten in Budapest.

Burgbezirk

Seit 2002 gehört dieser Stadtteil zum Weltkulturerbe der UNESCO. Hoch über der Donau drängen sich auf einem schmalen Plateau wichtige Bauten. Überragt wird der Burgbezirk vom neugotischen Turm der **Matthiaskirche** (13. Jh.). Hier fand im 15. Jh. König Matthias' Hochzeit statt und Franz Josef wurde 1867 zum König von Ungarn gekrönt. In der Nähe ragt ein ungewöhnliches weißes Bollwerk in die Höhe: Die **Fischerbastei** aus dem 20. Jh. verdankt ihren Namen aber den im Mittelalter für die Verteidigung der Burg zuständigen Fischern.

Königliches Schloss

Der auf dem Burgberg im 13. Jh. unter Béla IV. begonnene und unter Maria Theresia erheblich erweiterte Palast, der im Zweiten Weltkrieg fast völlig zerstört wurde, ist in seiner alten Pracht wiederhergestellt. Der Festungswall bietet einen herrlichen Ausblick auf Pest und die Donau.

Im Gebäude sind heute die **Landesbibliothek** und mehrere Museen untergebracht. Das **Historische Museum** dokumentiert die Stadtgeschichte ab der Bronzezeit. Im Untergeschoss sehen Sie Funde der mittelalterlichen Burg sowie die königliche Matthiaskapelle und den Rittersaal. Eindrucksvoll sind die gotischen Statuen, die man 1974 gefunden hat.

Die **Ungarische Nationalgalerie** umfasst im Mittelteil des Schlosses Werke ungarischer Maler und Bildhauer vom Mittelalter bis zur Gegenwart.

Gellértberg

Die Anhöhe von 235 m ist nach dem Heiligen Gerhard, einem italienischen Missionar, benannt, der das Christentum in Ungarn verbreitete und 1046 den Tod fand, als ihn eine aufgebrachte heidnische Menge hier hinunterstürzte. Auf der nördlichen Seite des Hügels überblickt die **Bronzestatue des Heiligen** – die Hand zum Segen ausgestreckt – die gesamte Stadt.

Die Anhöhe wird von der **Zitadelle** beherrscht, die von den Österreichern nach den Freiheitskämpfen von 1848 gebaut wurde. Im Zweiten Weltkrieg diente sie der deutschen Besatzungsmacht als letztes Bollwerk. In einem dieser Bunker wurde das **Panoptikum 1944** eingerichtet, eine Ausstellung mit Wachsfiguren, die die Belagerung von Budapest im Winter 1944/1945 schildert.

Von überall her sichtbar ist oben auf dem Hügel das gewaltige **Befreiungsdenkmal**, eines der wenigen Sowjetdenkmäler, das nach 1989 stehen blieb.

Rechtes Donauufer

Das Budaer Donauufer ist wegen seiner Thermalquellen als Wasserstadt bekannt. Das **Rudas Gyógyfürdő**, eines der farbenprächtigsten Bäder, ist seit 1556 in Betrieb.

Nur ein Stück nördlich der Kettenbrücke steht am verkehrsreichen *Batthyány tér* die **St.-Anna-Kirche**, einer der schönsten Barockbauten Ungarns. Sie wurde Mitte des 18. Jh. vom Jesuiten Ignatius Pretelli im italienischen Stil entworfen. Das Innere überwältigt mit schwarzen Marmorsäulen und grandiosen Statuen.

Weiter nördlich, kurz vor der Margareteninsel, liegt ein weiteres türkisches Bad: das **Király Gyógyfürdő** aus dem 16. Jh., mit einem achteckigen Becken unter einer Steinkuppel.

Pest

Am linken Donauufer nimmt Pest zwei Drittel des Stadtgebiets ein. Die geschäftigen Straßen und breiten Boulevards haben viel zu bieten. Schlendern Sie gemütlich den Fluss entlang in Richtung Stadtzentrum.

Linkes Donauufer

Dieses Ufer beherrscht das imposante neugotische **Parlamentsgebäude** – ein Symbol nationalen Selbstbewusstseins innerhalb der österreichisch-ungarischen Monarchie. Geführte Touren bringen die Besucher zum großartigen Treppenhaus und in den beeindruckenden Kuppelsaal, in dem auch die berühmte Stephanskrone und die ungarischen Kronjuwelen aufbewahrt werden.

Moderne Luxushotels säumen die Uferstraße bis zur Elisabethbrücke. In der Nähe dieser Brücke steht das älteste erhaltene Bauwerk von Pest, die innerstädtische **Pfarrkirche** aus dem 12. Jh., die von den Türken als Moschee benutzt wurde.

Das Herzstück der Fußgängerzone bildet die **Váci utca**, voll bepackt mit trendigen Boutiquen und Straßenverkäufern.

Weithin leuchten die bunten Ziegel der Matthiaskirche. | Die renovierte Standseilbahn überwindet auf der 101 m langen Strecke 52 m Höhenunterschied.

Zu den Sehenswürdigkeiten gehört auch die riesige **Markthalle** von 1897 am *Vámház körút 1* – in der Nähe der Freiheitsbrücke. Hier gibt es frische Lebensmittel und eine Menge Souvenirs zu kaufen.

Um den kleinen Ring
Bevor Sie in nördlicher Richtung den *Múzeum körút* entlang gehen, lohnt sich am *Kálvin tér* ein Abstecher zum **Kunstgewerbemuseum** in der *Üllői út*. Der mit bunten Keramikfliesen geschmückte Bau verbindet Jugendstil mit ungarischen und maurischen Einflüssen.

Nicht weit von hier liegt die **Holocaust-Gedenkstätte** (*Páva utca 39*). Sie umfasst eine grandiose **Synagoge** sowie einen neuen Gebäudekomplex mit Ausstellungs- und Konferenzräumen. Die Synagoge kann besichtigt werden; deren Museum zeigt Dauer- und Wechselausstellungen.

Zurück nach *Kálvin tér* und den *Múzeum körút* entlang, gelangen Sie zum **Ungarischen Nationalmuseum**, das mit seiner prachtvollen klassizistischen Fassade den Boulevard beherrscht.

Märchenhafter Ausblick von der Fischerbastei auf das Parlamentsgebäude. | Die prachtvolle Staatsoper von Budapest; wer möchte da nicht hingehen, sehen und zuhören?

Die Ausstellung deckt die ungarische Geschichte ab, von der Niederlassung der ersten Magyaren bis zum Zusammenbruch des Kommunismus und zum Aufbau eines demokratischen Staates. Den Höhepunkt bilden die Krönungsinsignien, die in einem verdunkelten Raum ausgestellt sind.

Die Andrássy út

Die schnurgerade 2,5 km lange Andrássy út wurde Ende des 19. Jh. nach dem Vorbild der Champs-Elysées angelegt. Sie beginnt unweit der St.-Stephans-Basilika und verläuft bis zum Stadtpark; seit 1986 gehört sie zum UNESCO-Weltkulturerbe.

Staatsoper

Das Gebäude der Staatsoper von 1884 – im Stil von Neurenaissance und Neubarock – wurde von Miklós Ybl entworfen und zeugt vom goldenen Zeitalter Budapests. Die Prunktreppe ist überwältigend. Gustav Mahler und Otto Klemperer dirigierten hier, Franz Liszt komponierte die Musik für die Eröffnungsfeier.

Haus des Terrors

Das *Terror Háza Múzeum* an der *Andrássy út 60* war 1944 als »Haus der Loyalität« Sitz der ungarischen Nationalsozialisten. Von 1945–56 nutzte der kommunistische Geheimdienst die Räume für Verhöre, Folter und Hinrichtungen. Es wurde renoviert und gilt seit 2002 als eines der interessantesten Museen der Stadt.

Franz Liszt Museum

Rechter Hand der *Andrássy út*, in der *Vörösmarty utca*, dient die ehemalige Wohnung von Franz Liszt (1811–1886) als Museum. Der Komponist verbrachte hier seine letzten Lebensjahre, liegt jedoch in Bayreuth begraben, wo er 1886 starb. In drei Räumen sind Fotos, Briefe sowie der Flügel und der Komponiertisch ausgestellt.

Kodály-Gedenkstätte

Die Gedenkstätte finden Sie an der *VI. Kodály köröndö 1*. Zoltán Kodály (1882–1967) war Komponist und Musikpädagoge, nach ihm ist die »Kodály-Methode« benannt. Er widmete sich auf Rat seines Freundes Béla Bartók der Erforschung ungarischer Volkslieder und besaß davon eine große Sammlung.

Heldenplatz

Die Andrássy út endet am Heldenplatz *(Hősök tere)* mit dem **Millennium-Denkmal** in seiner Mitte. Es wurde – wie der Name sagt – für die Tausendjahrfeier von 1896 errichtet. Auf der Spitze der 36 m hohen Säule thront der Erzengel Gabriel.

Museum für Bildende Kunst

Das *Szepmüvészeti Múzeum* an der Nordseite des Heldenplatzes genießt internationale Bedeutung. Wegen Renovierung bleibt das Museum bis 2018 geschlossen, einige Werke sind in der Ungarischen Nationalgalerie zu sehen.

Kunsthalle

Gegenüber dem Museum für Bildende Künste werden in der Kunsthalle, der *Műcsarnok-Galerie*, Wechselausstellungen zeitgenössischer Kunst gezeigt.

Stadtpark Városliget

Budapests Stadtpark wurde 1896 ebenfalls für die Tausendjahrfeier angelegt. In der Nähe des Eingangs liegen ein schöner See und das *Vajdahunyad-Schloss*. Es wurde zum Anlass der Feierlichkeiten als eine angemessene Kulisse gebaut und ist teilweise eine Nachbildung des Schlosses von Hunyadi in Siebenbürgen. Heute beherbergt es das **Ungarische Landwirtschaftsmuseum** *(Magyar Mezőgazdasági Múzeum)*.

Nahebei steht eine Kirche, etwas weiter weg die Statue eines Mannes mit Kapuze (»Anony-

Das Haus des Terrors widmet sich dem Thema Totalitarismus und dem Schicksal vieler Menschen. | Am Heldenplatz ehrt man Menschen, die ihr Leben für die Freiheit Ungarns geopfert haben.

mus«). Sie stellt einen unbekannten, mittelalterlichen Chronisten dar, ohne den die Geschichte Ungarns wohl für immer im Dunkeln geblieben wäre.

Széchenyi-Bad
Das neubarocke Széchenyi-Bad hinter dem Heldenplatz wurde 1913 fertiggestellt, jedoch inzwischen teilweise renoviert. Es ist bei Einheimischen wie bei Touristen sehr beliebt und wird von einer 76 °C warmen Quelle gespeist. Badespaß ist somit auch im Freien das ganze Jahr gewährleistet. Bekannt ist Széchenyi auch für die vielen Schachspieler mit den schwimmenden Brettern.

Von Budapest bis Kalocsa
Die Donau wird auf dieser Strecke von Buschwerk und Bäumen begleitet, rechts zeigt sich auf den ersten 100 km südlich von Budapest hier und da ein Hochufer mit Ortschaften.

Dunaújváros
Das um 1950 auf dem Reißbrett geplante Metallurgiezentrum mit einem großem Hafen (km 1578) entstand an der Stelle des römischen Militärlagers *Intercisa*. Das gleichnamige Museum widmet sich den römischen Anlagen. Seit 2007 quert eine Autobahnbrücke nach Dunavecse.

Puszta. In Ungarns weiter Grassteppe weideten früher große, von Hirten *(gulyás)* bewachte Rinderherden. Das Wort *puszta* bedeutet »kahl« oder »verlassen«; sie sah jedoch nicht immer so aus, sondern war einst von dichten Wäldern bedeckt. Diese wurden unter den Osmanen abgeholzt, die Holz zum Bau ihrer Festungen brauchten. Erst als Graf Széchényi im frühen 19. Jh. Bewässerungsanlagen in Verbindung mit der Theiß errichten ließ, konnte man in der Puszta wieder Weideland anlegen. Im 20. Jh. wechselte man auf Getreideanbau. Großgrundbesitzer zäunten riesige Flächen Land ein und rotteten damit die Viehwirtschaft aus, was zu Armut unter den zahlreichen Bauern führte. Nach dem Krieg wurden die Ländereien unter den Kommunisten verstaatlicht; es entstanden riesige Kollektive, die nach 1989 zerfielen. Seither ist das Land wieder privatisiert worden. Man unterscheidet zwei Teile: die **Bugac-Puszta** (zwischen Donau und Theiß, verbunden mit dem Kiskunság-Nationalpark) und die **Hortobágy-Puszta** östlich der Theiß, das größte Steppengebiet Mitteleuropas, Teil des gleichnamigen Nationalparks und UNESCO-Welterbe.

Dunaföldvár

Dunaföldvár (km 1560), wo eine Brücke die Donau überquert, erinnert mit dem Turm *(Csonkatorony)* und dem **Burgmuseum Dunaföldvár** an die Türkenzeit.

Harta

In Harta (km 1546) am linken Ufer ließen sich im 18. Jh. unter Kaiserin Maria Theresia eine große Anzahl von schwäbischen Siedlern nieder.

Paks

Nicht nur die von Imre Makovecz 1989 gestaltete **Heiliggeistkirche** und die Fischsuppe von Paks (km 1531) sind berühmt, südlich der Stadt an der Donau steht auch das einzige Kernkraftwerk des Landes (km 1526).

Kiskunság-Nationalpark

Im Sandhochland zwischen Donau und Theiß bewahrt der aus neun Einzelgebieten bestehende 530 km² große Nationalpark historische Kulturlandschaften der Bugac-Puszta und bedeutende Naturreservate für die Nachwelt.

In diesem Zweistromland begegnet man für die Region typischen Haus- und Weidetieren, aber auch selteneren Vogelarten wie z. B. Löfflern, Purpur- und Silberreihern und man verzeichnet – auf das ganze Gebiet verteilt – über 1300 in Ungarn blühende Planzenarten.

Kalocsa

Auf der linken Seite der Donau hält die Stadt Kalocsa (km 1516) für jeden Geschmack etwas bereit – Geschichte, Folklore, Kunst und das originelle Paprikamuseum. Der Ort wurde im 11. Jh. am Ufer gegründet, aber das Flussbett verschob sich, und heute liegt Kalocsa 6 km von der Donau entfernt. Dafür erwies sich das Feuchtland innerhalb der erweiterten Stadtgrenzen als ideal für den Anbau von Obst, Gemüse, Getreide – und Paprika!

Hauptplatz

Zwei »Nationalhelden«, König Stephan (der Heilige) und Franz Liszt, beide in Stein gehauen, dominieren den Hauptplatz *(Szabadság tér)*. Die barocke **Kathedrale Mariä Himmelfahrt** (18. Jh.) erhebt sich auf den Fundamenten mehrerer Kirchen, die bis ins 11. Jh. zurückreichen. In der **Bibliothek des Erzbischofspalastes** befinden sich mehr als 100 000 Bücher, darunter eine von Martin Luther signierte Bibel.

Museen

Die Geschichte der mexikanischen Pfefferschote und ihrer Einbürgerung in Ungarn wird im **Paprikamuseum** nacherzählt.

Das **Károly-Viski-Museum** *(Szent István Király út 25)* beherbergt eine der vielen Folklore-Sammlungen Ungarns.

In derselben Straße zeigt die **Nicolas Schöffer Collection** an der *Szent István Király út 76* im Geburtshaus des Plastikers und Vaters der kybernetischen Kunst, Nicolas Schöffer (1912–1992), einige seiner Werke.

Die Vereinigung der **Volkskunst-Kooperative** hat ihr eigenes Museum sowie Verkaufstellen, in denen man die ausgestellten Stickereien nicht nur bestaunen, sondern auch kaufen kann.

Östlich von Kalocsa
Kecskemét und **Szeged** sind zwei nette Städtchen in einer weiten Ebene, deren weiß getünchte Häuser und leuchtenden Paprikagirlanden einfach zauberhaft sind; in den *csárdas* wird getanzt.

Von Kalocsa nach Mohács
Bis zur ungarischen Grenze fließt die Donau mitten durch Naturparks. Nehmen Sie Ihr Fernglas und halten Sie Ausschau nach Tieren entlang des Ufers.

Sió-Tal
Auf der rechten Seite der Donau, bei km 1499, wo eine moderne Autobahnbrücke die nur langsam fließende Donau überquert, mündet kurz darauf der kanalisierte Fluss **Sió** ein, der seinen 123 km langen Weg vom **Plattensee** (Balaton) bis hierher gemacht hat und von Freizeitbooten und Ausflugsschiffen befahren wird.

Szekszárd

Oberhalb des Sió-Tals, etwa 15 km westlich der Donau, liegt diese Bezirksstadt, bereits seit der Römerzeit ein beliebtes Weinbaugebiet. Sie hat einen hohen Bevölkerungsanteil deutscher und serbischer Abstammung, was auf die 150-jährige Besatzungszeit der Osmanen zurückzuführen ist, als der Ort verödet dalag. Um die Einwohnerzahl wieder zu steigern, wurden im 18. Jh. Siedler aus Nachbarländern willkommen geheißen. König Béla I. aus dem Geschlecht der Arpaden ließ hier im 11. Jh. auf einem Hügel eine befestigte Benediktinerabtei errichten. Am **Béla-Platz** stehen noch das imposante alte Komitatshaus sowie die Überreste der Klosterkirche und einer Kapelle.

Baja

Entlang der von dichtem Urwald begleiteten Donaustrecke bis Baja (km 1479) gelangt man zur südlichsten ungarischen Donaubrücke, **Türr István híd**. Über diesen wichtigen Verkehrsweg verläuft auch die Eisenbahnlinie. Lange vor Inbetriebnahme der Brücke hatten die Türken die strategische Lage des Ortes erkannt und ihn befestigt. Einen Eindruck von Bajas historischer Bedeutung vermittelt das Stadtzentrum nordöstlich des **Szentháromság tér** (Platz der Dreieinigkeit).

Donau-Drau-Nationalpark

Vom Unterlauf des Sió im Norden bis zu Ungarns Landesgrenze im Süden erstreckt sich über 65 Stromkilometer der Donau der – zusammen mit Gebieten entlang der Drau – 500 km^2 weite *Duna-Drava Nemzeti park*.

Durch die mal schmale, mal mehrere Kilometer breite Flussaue mit oft undurchdringlichen Waldstreifen ziehen sich zahllose Nebenarme, Altwässer und Tümpel, eine Landschaft, die mit den jahreszeitlich erheblich schwankenden Wasserständen immer wieder ihr Gesicht verändert. Donaureisende durchfahren während vieler Stunden diese wilde Wasser-, Wald- und Insellandschaft auf den verwirrenden Flusswindungen des Hauptstroms. Seiden- und Graureiher, Kormorane und Entenvögel bevölkern die Ufer, Fischadler und Schwarzstörche brüten im Reservat.

Gemencer Wald

Der *Gemenci erdő* ist hauptsächlich für sein Wild berühmt; dieses Jagd- und Überschwemmungsgebiet im Nordwesten des Donau-Drau-Nationalparks können Naturfreunde auf Lehrpfaden und Bootstouren oder mit der Schmalspurbahn erkunden und außer seltenen Vögeln auch Rehe, Hirsche, Biber oder Wildschweine aufspüren. Seit 1996 zählt eine Fläche von 215 km^2 zum Nationalpark.

Mohács

Die nette Hafenstadt Mohács (km 1447) ist auf ewig mit einem traurigen Kapitel der ungarischen Geschichte verbunden: Am 29. August 1526 unterlagen hier die Truppen Ludwigs II. dem starken Heer von Sultan Suleiman dem Prächtigen. Der ungarische König starb während des Rückzugs, damit begann eine 150-jährige Türkenherrschaft.

Eine der Erinnerungsstätten ist die **Votivkirche**, sie wurde 1926 eingeweiht, 400 Jahre nach der Schlacht bei Mohács. Man könnte sie von der Form her für eine Moschee halten, sie trägt aber auf ihrer Kuppel ein großes Kreuz.

Im **Gedächtnispark**, auf dem ehemaligen Schlachtfeld 6 km südlich der Stadt, stellen Holzskulpturen die Gegner in dem verheerenden Gemetzel dar. Holz gewordene Generäle, Soldaten und Pferde liegen über die Stätte verstreut. Das Gelände wurde 1976 zum 450. Jahrestag der unvergesslichen Niederlage eingeweiht.

Der *Karneval von Mohács* ist ein Anlass, die Vertreibung der Türken zu feiern. Die Einheimischen ziehen dabei bunt kostümiert und mit schaurigen Masken und klingenden Schellen durch die Straßen. Der *Busó-Karneval*, die spektakulärste Folkloreveranstaltung des Landes, bezweckt den Hinauswurf eines anderen Eindringlings: des Winters.

PÉCS

An den Südhängen des Mecsek-Gebirges, 40 km westlich von Mohács und 200 km südlich von Budapest, liegt die Universitätsstadt Pécs (158 000 Einwohner), deren historischer Kern im Hinblick als Europas Kulturhauptstadt 2010 sorgfältig restauriert wurde. Das Klima ist mild, in der Umgebung gedeihen Kastanien, Mandeln, Feigen und Trauben. Unter den Habsburgern blühte Pécs auf, Gewerbe, Handel und Weinbau florierten; Kaiserin Maria Theresia gewährte Pécs den Status einer »freien Reichsstadt«. Aus jener Zeit stammen großartige Residenzen und öffentliche Bauten.

Frühzeit bis 10. Jh.
Beim Stadtrundgang stößt man auf Spuren der Kelten, Römer, Türken, Germanen und Ungarn. Unter Kaiser Hadrian hieß Pécs *Sopianae* und war Hauptstadt der Provinz Pannonia.

Im Jahr 2000 hat die UNESCO die **altchristliche Nekropole** (nahe *Ferencesek utcája*) zum Weltkulturerbe erklärt. Ein erstes offizielles Symbol des Christentums soll aus Pécs stammen.

Im 9. Jh. gab es in der Stadt bereits fünf christliche Gotteshäuser, was ihr den Namen *Quinque Ecclesiae* (»Fünfkirchen«) eintrug. Der heutige Name Pécs (»Fünf«) ist slawischen Ursprungs. König Stephan I. (István, 997–1038) gründete 1009 das Bistum Pécs.

Unruhen und Türkisches Erbe
Als ein türkischer Angriffs auf Ungarn drohte, ließ König Matthias die mit Zinnen besetzte **Barbakán** (Rundbastei) errichten, um den befestigten Bischofsbezirk (die Burg) zu verstärken; die Bastei steht noch heute. Nach der Schlacht von Mohács (1526) fielen die Osmanen in Pécs ein und besetzten es ab 1543. Kirchen wurden als Moscheen genutzt, man baute Bäder und Minarette, und an die Stelle des Markts trat ein Basar. Die Türken führten auch neue Traubensorten ein, darunter die *kadarka*. Nach der Vertreibung der Türken fiel Pécs an das Habsburgerreich.

Rund um Széchenyi tér
Um den langgezogenen Hauptplatz gibt es mehrere wichtige Sehenswürdigkeiten.

Die hohe Kuppel und die Arkaden der **Kassim-Pascha-Moschee** stammen aus muslimischer Zeit, doch steht heute ein Kruzifix über der Gebetsnische. Das

Minarett wurde im 18. oder 19. Jh. zerstört, aber man fand eine Marmortafel mit einem Koranvers in ungarischer Sprache. Seit 1868 finden hier nur christliche Zeremonien statt. Der Frühgeschichte und Römerzeit kommt man unmittelbar nördlich der Moschee im **Archäologischen Museum** auf die Spur *(Széchenyi tér 12)*.

Neben Papier, Zucker, Eisen und Kohle wurde im 19. Jh. auch Porzellan wichtig. Die »Zsolnay-Manufaktur« entstand 1853. Viele Fassaden der Stadt sind mit Keramikfliesen geschmückt. Den **Zsolnay-Brunnen** am Südende des Platzes zieren Stierköpfe aus Porzellan. Unweit davon befindet sich das **Tourismusbüro** und gegenüber das **Rathaus**, ein prachtvoller Bau aus dem 20. Jh., wie auch derjenige des **Pécser Nationaltheaters** östlich des Szechenyi-Platzes *(Színház tér 1)*.

Der mit Porzellan verzierte Zsolnay-Brunnen in Pécs.

Victor Vasarely (1906–1997) kam in Pécs zur Welt. Viele seiner Werke sind im **Vasarely-Museum** an der *Káptalan utca 3* nur wenig weiter nordöstlich zu sehen. Das **Zsolnay Museum** nebenan *(Káptalan utca 2)* erläutert die Geschichte der Manufaktur.

Die **Moderne Ungarische Gemäldegalerie I + II** stellt an zwei Standorten aus, an der *Káptalan utca 4* und auf der anderen Seite der *Junyadi János utca*, an der *Papnövelde utca 5*.

Christliche Spuren und Museen

An der *Janus Pannonius utca 1* birgt das **Csontváry-Museum** die größte Sammlung des gleichnamigen Künstlers (naive Malerei).

Der **Dom St. Peter und Paul** am *Szent István tér 23* wurde Ende des 19. Jh. zu einer monumentalen viertürmigen Basilika im Stil der »toskanischen Romanik« umgebaut. Bei Ausgrabungen in der Nähe kamen zahlreiche frühchristliche Grabgewölbe zutage.

Südliches Stadtzentrum

An der **Synagoge** von 1869 *(Kossuth tér 1/Fürdö)* ist eine Gedenktafel für die Opfer des Holocaust angebracht; 90 % der Juden von Pécs kamen im Auschwitz um.

Die **Moschee Pascha Hassan Yakovali** an der *Rákóczi út* ist bis heute eine muslimische Gebetsstätte geblieben und beherbergt ein kleines Museum.

Kaffee und Kuchen sind in Wien fast eine Wissenschaft für sich ...

ESSEN UND TRINKEN

Ihre Donaukreuzfahrt kann zu einer kulinarischen Entdeckungsreise werden. Nach den deutschen Gerichten kommen Sie in die Gefilde der österreichischen Küche – vom Wiener Schnitzel bis zum Apfelstrudel. In der Slowakei vermischen sich slawische und ungarische Einflüsse, und Ungarn hat – wie Sie bald feststellen werden – kulinarisch weit mehr als Gulasch zu bieten.

Deutschland

Bayern ist für sein Bier und seine Weißwürste bekannt; diese bestehen aus Kalbfleisch, werden mit Pfeffer und Zwiebeln gewürzt und mit süßem Senf serviert. Kosten Sie auch die fingerförmigen Blauen Zipfel, eine weitere Wurstsorte. Leberknödelsuppe ist eine beliebte Vorspeise. Zum Hauptgericht gibt es *Kalbsvögerl* (gefüllte Kalbsrouladen) oder Schweinebraten. Wer noch Platz hat für eine Nachspeise, probiert Schmarren (eine Art Eierkuchen) mit Äpfeln und Rosinen oder ein Zwetschgendatschi aus Pflaumen, Zimt und Zucker.

An deutschen Weinen – in erster Linie weißen – gibt es eine große Auswahl. Franken, die Region um Würzburg und Bamberg, produziert trockene Weißweine, die in für die Gegend typische Bocksbeutel (bauchige Flaschen) abgefüllt werden.

Österreich

Die Kaiser, Erzherzöge und Generäle gehören der Vergangenheit an, nicht aber die österreichischen Spezialitäten: das Wiener Schnitzel, ein dünn geschnittenes und geklopftes Kalbsschnitzel, in einer Panade aus Ei und Semmelmehl knusprig gebraten; das Wiener Backhendl, ebenfalls paniert; der Tafelspitz, Lieblingsgericht der Wiener aus gekochtem Rindfleisch, Gemüse und Bratkartoffeln; oder die Knödel aus Semmeln oder Kartoffeln, die als Suppeneinlage oder Beilage zum Fleisch serviert werden.

Mit einer Aprikose (Marillenknödel) oder als süße Quarkklöße (Topfenknödel) werden die Knödel zum warmen Dessert.

Der Apfelstrudel besteht aus dünn geschnittenen Äpfeln, die mit Rosinen und Zimt in eine nahezu transparente Schicht Blätterteig gerollt werden.

Apropos Teig: Kirschen, Erdbeeren, Haselnüsse, Walnüsse, Mohn, Äpfel und Schokolade können Sie in unzähligen Torten-, Kuchen- und Gebäckvarianten probieren. Dies ist ein Muss, ob mit Schlag oder ohne. Und vergessen Sie nicht, am Expertenstreit darüber teilzunehmen, ob die berühmte Sachertorte geschnitten wird oder nicht, und wo sie mit Aprikosenmarmelade gefüllt sein sollte.

Man trinkt in Österreich hauptsächlich Weißwein, und zwar zu Fleisch und Fisch. Der Gumpoldskirchener als bekanntester österreichischer Wein ist relativ schwer und verdankt sein volles Bukett den südlichen Weinbergen. Niederösterreichische Weiße sind Grüner Veltliner und Müller-Thurgau. Aus der Umgebung von Wien kommen Grinzinger, Nussdorfer, Sieveringer und Neustifter. In der Wachau bemühen sich die Winzer auch um gute Tropfen; so etwa spritzigen Kremser, Dürnsteiner und Langenloiser. Am besten probiert man die Weine bei dem Produzenten oder in einem »Heurigen«.

Slowakei

Die slowakischen Gerichte sind gewöhnlich gut und preiswert. Neben Restaurants *(restaurácia)* gibt es Weinstuben *(vinárin)* und Konditoreien *(cukráren)*.

Probieren Sie folgende Spezialitäten: das pikante Rindsgulasch nach Bratislavaer Art; Fleischspieße mit Schweine-, Rind- und Lammfleisch und dazu Speck, Wurst, Paprikaschoten und Zwiebeln (scharf gewürzt!). Als Beilage gibt es Kartoffeln in verschiedener Zubereitung, z. B. als Knödel.

Ein Kaffee gefällig? Der Kaffee ist dem Wiener so heilig wie der Tee dem Engländer. Sie können aber nicht einfach in ein Kaffeehaus gehen und »eine Tasse Kaffee« bestellen, denn jede Schattierung von Schwarz bis Weiß hat ihren eigenen Namen. Hier ein paar Erklärungen:

Kapuziner: mit Schlagsahne und Schokoladenpulver;
Türkischer: kochend heiß und sehr süß;
Einspänner: schwarzer Kaffee mit Schlagsahne;
Brauner: schwarzer Kaffee mit Milch;
Eiskaffee: schwarzer Kaffee mit Schlagsahne und Vanilleeis;
Mocca: schwarzer Kaffee;
Melange: Milchkaffee.

Im 19. Jh. entstand in Wien ein spezielles literarisches Genre: die »Kaffeehausliteratur«. Arthur Schnitzler, Karl Kraus und weitere Intellektuelle trafen sich zur Debatte und zur Plauderei hauptsächlich im Café Griensteidl oder im Café Central.

Typisch ist auch geräucherter Käse, mit Schinken frittiert und mit *sauce tartare* serviert.

Als Getränke empfehlen sich Bier *(pivo)* oder Wein *(vino)*. Aus den Kleinen Karpaten kommen vor allem Veltliner, Sylvaner und Riesling und Weine mit klingenden Namen wie *Malokarpatské zlato* (»Gold aus den Kleinen Karpaten«).

Außerdem gibt es allerlei Schnäpse wie *borovicka* (ginähnlich), *slivovica* (Pflaumenbranntwein) oder *marhulovica* (Aprikosenbranntwein). Obst kann man aber auch in Form von Fruchtsäften genießen.

Ungarn

Zuerst einige Vorspeisen: *Libamáj-pástétom*, eine luftige Blätterteigtasche, gefüllt mit Gänseleber; *Hortobágyi húsos palacsinta*, Eierkuchen, gefüllt mit Hackfleisch und saurem Rahm; *gombafejek rántva*, panierte Pilze.

Auf der ungarischen Speisekarte nehmen Suppen einen wichtigen Platz ein, z. B. *gulyásleves*, die berühmte Gulaschsuppe aus Rindfleisch, Kartoffeln, Tomaten und Zwiebeln, abgeschmeckt mit viel Paprika und Kümmel, oder

Kulinarische Stationen einer Donaureise: ungarisches Gulasch; Wiener Schnitzel; österreichische und ungarische Weine; köstliche Linzertorte.

UNGARISCHE WEINE

In Ungarn werden viele Qualitätsweine produziert, darunter der berühmte *Tokaji* (auch Tokay) aus der gleichnamigen Gegend in den nördlichen Mittelgebirgen. Man stellt ihn aus Furmint- und Hárslevelü-Trauben her. Es gibt ihn von trocken *(Tokaji Furmint)* bis süß-schwer *(Tokaji Aszu)*.

Letzterer zählt zu den besten Weinen der Welt – er wurde von Ludwig XIV. besonders geschätzt und von Beethoven und Schubert besungen – sein Zuckergehalt wird in *puttonyos* von 3 bis 6 (der süßeste) ausgedrückt und gibt die Buttenzahl (Konzentration) der edelfaulen Trauben an, die dem bereits vergorenen Grundwein zugefügt werden.

Bekannter für Ungarn in das Erlauer Stierblut *(Egri Bikavér)* aus Eger (deutsch: Erlau). Der Name des roten Tafelweines spricht Bände über den vollmundigen Charakter dieses Tropfens. Er passt ausgezeichnet zu den Fleischgerichten, die das Land in Hülle und Fülle zu bieten hat.

Das Gleiche gilt auch für die jüngeren Sorten wie *Kékfrankos* und *Kékoportó* und den guten *Villányi-Burgundi*.

Zu Fisch aus dem Plattensee sollten Sie einen *Balatonfüred-Csopak* trinken. Die Römer, die den Rebbau einführten, schätzten die hiesigen Weine. Von den Rebbergen um den Badacsonyi an der Nordseite des Sees kommen Weißweine aus Rebsorten wie Olaszrízling, Traminer und Pinot Blanc, aber auch Rotweine. Ungarn produziert allgemein sehr gute Weine.

Huber/Pavan

szegedi halászlé, eine Bouillabaisse aus Süßwasserfischen.

Hier ein paar Fischspezialitäten: *paprikás ponty*, Karpfen an Paprikasauce; *rácponty*, Karpfen mit saurer Sahne; *pisztráng tejszín mártásbán*, gebackene Forelle in Sahnesauce.

Einige typische Fleischgerichte: *pörkölt* oder *bográcsgulyás*, scharfes Ragout; *paprikás csirke*, Hühnchen mit saurer Sahne und Paprika; *töltött paprika*, gefüllte Paprikaschoten; *bélszin Budapest módra*, Beefsteak an einer Sauce aus Paprika, Pilzen, Erbsen und Hühnerleber.

Wenn Sie danach noch Platz haben, gibt es zum Nachtisch Strudel (*rétes*), gefüllt mit *almás* (Äpfeln), *mákos* (Mohn), *meggyes* (Sauerkirschen) oder *túrós* (Quark); oder *palacsinta* (Pfannkuchen mit verschiedenen Füllungen). Einfachere Nachspeisen sind Eiscreme *(fagylalt)* und Obst *(gyümölcs)*.

Neben dem Wein *(bor)* ist auch das ungarische Bier *(sör)* sehr zu empfehlen. Nach dem Essen trinkt man in Ungarn gerne starken Kaffee und dazu manchmal ein Glas *pálinka* (Obstbranntwein).

Das Café Gerbeaud am Vörösmarty-Platz in Budapest – eine Tradition. | Appetitlich angeordnetes Gemüse auf dem beliebten Wiener Naschmarkt.

Für Petit-Point-Arbeiten werden mit bunten Garnen bis zu 361 Stiche auf 1 cm² gestickt.

EINKAUFEN

Sie haben die Qual der Wahl: von Petit-Point-Stickereien und Mozartkugeln bis zu ungarischem Porzellan ...

Deutschland

Zu den attraktivsten Andenken aus Deutschland zählen die Spielsachen, von Modelleisenbahnen und -autos bis zu hübschen Trachtenpuppen. Eine weitere Spezialität ist Porzellan, seien es nun Reproduktionen von Stücken aus dem 18. Jh. oder Kreationen in modernem Design. In den meisten Museumsshops sind sehr schöne Kunstbücher und Lithografien erhältlich.

Wer genug Platz im Koffer hat, kann sich für leckere ess- oder trinkbare Mitbringsel wie Wein und Süßigkeiten entscheiden, von denen es eine große Auswahl gibt.

Österreich

In der sehr von ihrer Geschichte geprägten Donaumetropole Wien erstaunt es nicht, dass viele Antiquitäten verkauft werden. Kunstgegenstände und Möbel erwerben Sie am besten in den kleinen Läden im Zentrum.

Der Hauch der Vergangenheit ist noch in Spezialgeschäften für Münz- und Briefmarkensammler zu spüren. Wo sonst findet man gut erhaltene Briefmarken von Bosnien-Herzegowina, die 1914 herausgegeben wurden?

Die staatliche Augarten-Porzellan-Manufaktur stellt heute noch handbemaltes Rokoko-Porzellan her. Schöne Petit-Point-Stickereien sind an der Kärntner Straße erhältlich: auf Handtäschchen, Kissen und vielen anderen Gegenständen, mit Blumen-, Folklore- und Opernmotiven. Weitere elegante Läden gibt es auch am Graben und am Kohlmarkt.

Sollte Ihr Geschmack von Ausgefallenem bis zum Edelkitsch reichen, versuchen Sie Ihr Glück am Samstag (6.30–18 Uhr) beim Flohmarkt auf dem volkstümlichen Naschmarkt.

Von Mai bis Oktober (Samstag und Sonntag) bietet der Kunsthandwerksmarkt am Spittelberg von Künstlern entworfene Waren an; darunter Glaskunst, Deko aus Holz und Schmuck.

Auch in Salzburg gibt es längst nicht nur Mozartkugeln zu kaufen, sondern eine Auswahl an schönstem Kunsthandwerk.

Slowakei

In erster Linie werden Stickereien und Spitzen, handbemalte Keramik und Porzellan, Holzschnitzarbeiten und Schmucksachen angeboten. Man findet schönes Kristallglas in großer Auswahl. Stöbern Sie in den Läden und Boutiquen der verwinkelten Altstadt Bratislavas nach Kunsthandwerk.

Ungarn

Die elegantesten Geschäfte finden Sie in der *Váci utca* und rund um die Fußgängerzone von Budapest. Ein beliebtes Mitbringsel ist handbemaltes Porzellan aus der weltberühmten Herend-Manufaktur. Kunsthandwerk finden Sie aus Messing, Kupfer und Feinsilber, Lederwaren, Holzschnitzereien oder Schachspiele.

Handgefertigte Wandbehänge und Teppiche haben oft typische Muster, ebenso bestickte Hemden, Blusen und Leinenwaren. Paprikagewürz, ob grob, fein oder scharf, Strudel, Kuchen und pikante Würste sind ein Muss, wenn möglich mit den dazu passenden Weinsorten (denken Sie an eine ordentliche Verpackung).

CDs berühmter Komponisten wie Liszt, Kodály, Bartók sind beliebt, und die in Restaurants auftretenden Künstler bieten ihre Meisterstücke mit Geige und Hackbrett oft auf ihren eigenen Scheiben an.

Ungarisches Porzellan. Hochwertige ungarische Keramik und Porzellan haben Tradition. Zwei Porzellanmanufakturen sind herausragend. Jene von **Herend** im gleichnamigen Ort unweit des Plattensees stellt seit 1826 erlesene Vasen, Tafelgeschirr, Schüsseln und Figurinen her – alles von Hand bemalt. Sie sind auch bei gekrönten Häuptern beliebt. Stammkunden waren Königin Viktoria, Kaiser Wilhelm I., der Schah von Persien und – in jüngerer Zeit – der englische Thronfolger Prinz Charles. Im Herend-Geschäft, *V. József Nádor tér 11*, direkt hinter dem *Vörösmarty tér*, können Sie sich selbst von der Qualität überzeugen.

Die Firma **Zsolnay Porzellan** produziert seit Ende des 19. Jh. u. a. wasserdichte, glasierte Keramikdachziegel, die die Dächer der Matthiaskirche in Budapest, der Markthalle und des Kunstgewerbemuseums bedecken.

Das **Zsolnay Museum** in Pécs erläutert die Geschichte der Manufaktur.

Marguerite Martinoli

WICHTIGES IN KÜRZE

Auf den folgenden Seiten finden Sie einige praktische Informationen zu den Ländern entlang der Donau, die Ihnen bei der Reisevorbereitung helfen können.

Feiertage

Deutschland
1. Januar	Neujahr
1. Mai	Maifeiertag
3. Oktober	Tag der Deutschen Einheit
25. und 26. Dezember	Weihnachten

Beweglich: Karfreitag, Ostermontag, Christi Himmelfahrt, Pfingstmontag. Die Feiertage *Heilige Drei Könige* (6. Januar), *Mariä Himmelfahrt* (15. August) und *Allerheiligen* (1. November) werden nur in einigen Bundesländern begangen, z. B. in Bayern.

Österreich
1. Januar	Neujahr
6. Januar	Hl. Drei Könige
1. Mai	Tag der Arbeit
15. August	Mariä Himmelfahrt
26. Oktober	Nationalfeiertag
1. November	Allerheiligen
8. Dezember	Mariä Empfängnis
25. Dezember	Weihnachten
26. Dezember	Stefanstag

Beweglich: Karfreitag, Ostermontag, Christi Himmelfahrt, Pfingstmontag, Fronleichnam.

Slowakei
1. Januar	Gründungstag
6. Januar	Hl. Drei Könige
1. Mai	Tag der Arbeit
8. Mai	Tag der Befreiung
5. Juli	Hl. Cyril und Methodius
29. August	Slowakischer Nationalaufstand
1. September	Tag der Verfassung
15. September	Mariä Sieben Schmerzen
1. November	Allerheiligen
17. November	Tag des Kampfes für Freiheit und Demokratie
24.–26. Dez.	Weihnachten

Beweglich: Karfreitag, Ostermontag.

Ungarn
1. Januar	Neujahr
15. März	Gedenktag 1 (1848)
1. Mai	Tag der Arbeit
20. August	Nationalfeiertag
23. Oktober	Gedenktag 2 (1956)
1. November	Allerheiligen
25./26. Dez.	Weihnachten

Beweglich: Oster- und Pfingstmontag.

Formalitäten

Bürger aus EU-Ländern, der Schweiz und Liechtenstein brauchen für die Einreise einen gültigen Reisepass oder einen gültigen Personalausweis (Identitätskarte).

Fotografieren

In manchen Museen ist die Benutzung von Videokameras und Fotoapparaten ohne Blitzlicht erlaubt; erkundigen Sie sich vorsichtshalber am Eingang. Bevor Sie Personen aufnehmen, sollten Sie immer um Erlaubnis bitten. Fotografieren Sie keine militärischen Einrichtungen.

Geld

Deutschland, **Österreich** und die **Slowakei** verwenden den Euro.

In **Ungarn** steht die Einführung des Euro frühestens im Jahr 2020 an. Es ist jedoch manchmal möglich (besonders in Souvenir- Geschäften), auch jetzt schon mit Euro zu bezahlen. Fragen Sie vor dem Einkauf!

In der Regel gilt aber in Ungarn der *forint* (HUF der Ft.) als Zahlungsmittel. Im Umlauf sind Münzen von 5 bis 200 Ft. sowie Scheine von 500 bis 20 000 Ft. (Alte 200-Ft.-Scheine können in der Bank umgetauscht werden.) Bewahren Sie Wechselquittungen auf, damit Sie Ihre Forint bei der Ausreise zurücktauschen können.

Die international bekannten Kreditkarten werden akzeptiert. Automaten für Bargeldbezüge gibt es überall; nehmen Sie auf Ausflügen in abgelegene Orte genügend Bargeld mit.

Gepäck

An Kleidung sind für den Sommer leichte Baumwollsachen zu empfehlen, für kühlere Abende braucht man Jacke oder Pullover. Für besondere Anlässe wie Theater, Konzert und Oper zieht man sich für gewöhnlich etwas eleganter an. Für Flusskreuzfahrten oder Besuche von Nationalparks gehört ein Fernglas sowie eine Windjacke ins Gepäck. Feste und bequeme Schuhe sind sowohl für den Stadtbummel als auch für Ausflüge ein Muss. Nicht fehlen sollten eine Kopfbedeckung, Sonnenschutzcreme und Insektenschutzmittel. Ein Regenschirm leistet jederzeit gute Dienste.

Gesundheit

Zwischen den Ländern der EU und der Schweiz bestehen Gesundheitsabkommen. Nehmen Sie Ihre EU-Versicherungskarte mit, um sie im Fall eines Besuches beim Arzt vorweisen zu können. Die medizinische Versorgung ist im Allgemeinen sehr gut. Viele Ärzte und Zahnärzte sprechen Englisch, manchmal auch Deutsch.

Medikamente, die Sie regelmäßig einnehmen, sollten Sie in ausreichender Menge mitführen.

Klima

Im Donautal herrscht ein kontinentales Klima. Die Winter sind meistens hart, mitunter schneit es; im Januar und Februar können die Temperaturen bis auf –15 °C sinken. Von April bis Juni sowie im September und Anfang Oktober ist es angenehm warm. Im Sommer steigt das Thermometer auf 30 °C oder mehr, im Juli und August kann es besonders in den Städten heiß und schwül werden. In den Bergen herrschen angenehmere Bedingungen.

Kommunikation

Internationale Ländervorwahlen: Deutschland 49, Österreich 43, Slowakei 421, Ungarn 36.

In **Bratislava** bieten viele Cafés freien Internet-Zugang an. Auch in **Budapest** finden Sie in zahlreichen Cafés und Restaurants WiFi an (www.hotspotter.hu). In **Wien** ist öffentliches WLAN verbreitet *(www.wien.gv.at/ikt/egov/wlan)*.

Notfall

Die allgemeine Rufnummer lautet 112 für Deutschland, Österreich, Slowakei und Ungarn.

Österreich. Die Polizei erreichen Sie auch unter Nr. 133.

Slowakei. Zusätzlich zu Nr. 112: Polizei 158; Feuerwehr 150 und Rettungsdienst 155.

Ungarn. Zusätzlich zu Nr. 112: Polizei 107; Feuerwehr 105 und Rettungsdienst 104.

istockphoto.com/Niedzieski

Österreich Werbung

istockphoto.com/Karras

Öffnungszeiten

Deutschland. Im Allgemeinen Montag bis Freitag 9 oder 10–19 oder 20 Uhr, samstags schließen die Läden früher.

Österreich. Gewöhnlich Montag bis Freitag 9–18 oder 18.30 Uhr, samstags bis 17 Uhr. Abendverkauf (bis 19.30 Uhr) ist am Donnerstag oder Freitag.

Slowakei. Die meisten Läden sind Montag bis Freitag 9–18 oder 19 Uhr und Samstag 9–12 oder 13 Uhr geöffnet, manche auch am Sonntagvormittag. Kleinere Geschäfte schließen über Mittag (12–14 Uhr).

Ungarn. In der Regel Montag bis Freitag 10–18 Uhr (donnerstags bis 20 Uhr) und Samstag 9–13 Uhr; Lebensmittelläden öffnen schon früh (um 6 oder 7 Uhr).

Öffentlicher Verkehr

Die Großstädte an der Donau verfügen über ein Netzwerk von Bussen, Straßenbahnen und zum Teil auch von U-Bahnen, die zuverlässig und preisgünstig sind.

In der Regel verkehren die öffentlichen Verkehrsmittel zwischen 4.30 Uhr und Mitternacht.

Auch die Fahrt mit dem Taxi ist gewöhnlich nicht sehr teuer; vergewissern Sie sich aber, dass der Zähler eingestellt ist. Wenn kein Taxameter vorhanden ist, muss man den Preis vor Antritt der Fahrt vereinbaren.

Auch von den wichtigsten Flughäfen gibt es gut Verkehrsverbindungen in die Städte:

In **Wien** erreichen Sie das Stadtzentrum – Bahnhof Wien Mitte – mit dem CAT CityAirport Train in nur 16 Minuten (5.30–23.30 Uhr). Die Busse der Vienna Airport Lines fahren direkt zum Schwedenplatz, zum Donauzentrum und Westbahnhof sowie zu einigen Orten außerhalb der Stadt.

Den Flughafen **Bratislava M. R. Stéfanika** erreichen Sie entweder mit dem Taxi (8 km) oder dem Bus Nr. 61 ab Hauptbahnhof.

Der Bus 200E bringt Sie vom Flughafen **Budapest**, Terminal 2 Ferihegy bis zur U-Bahnstation Kőbánya-Kispest, wo Sie Anschluss zum Stadtzentrum haben. Fahrkarten gibt es an Automaten, in den Postämtern des Terminals 1 und 2 oder am Zeitungskiosk.

Rückerstattung der Mehrwertsteuer

Nicht in der EU ansässige Touristen können sich die Mehrwertsteuer zurückerstatten lassen, sofern sie für einen bestimmten Mindestbetrag einkaufen. Verlangen Sie im Geschäft das Formular für die Mehrwertsteuerrückerstattung *(Tax Refund Cheque/ TRC)*. Lassen Sie den TRC bei jenem Zollamt, das Sie beim Verlassen der EU als letztes passieren, abstempeln; lösen Sie ihn in einer Bank oder am Tax-Refund-Schalter im Transferbereich ein (www.global-blue.com).

Sicherheit
Nehmen Sie sich auf Märkten oder in öffentlichen Verkehrsmitteln vor Taschendieben in Acht. Dokumente und Wertsachen gehören in den Safe des Hotels oder an Bord des Kreuzfahrtschiffs.

Sprache
Versuchen Sie, ein paar einfache Worte und Ausdrücke in der Landessprache zu lernen; die Einheimischen werden sich darüber freuen.

Slowakisch: *dobrý deň* (Guten Tag), *dovidenia* (auf Wiedersehen)

Ungarisch: *szervusz* (hallo), *igen* (ja), *nem* (nein), *kérem* (bitte), *köszönöm* (danke)

Touristenpässe
Die drei Hauptstädte bieten folgende Besucherpässe an:

Die **Wien-Karte** (48 und 72 Std.) berechtigt zu unbeschränkten Fahrten mit U-Bahn, Bus und Straßenbahn und zu Vergünstigungen in vielen Museen, Läden und Restaurants.

Mit der **Bratislava City Card** (1–3 Tage) dürfen Sie ebenfalls die öffentlichen Verkehrsmittel benutzen; dazu kommen Ermäßigungen für Museen, Ausflüge usw.

Die **Budapest Card** (1–3 Tage) gibt Anrecht auf Benutzung der Verkehrsmittel, Eintritt zu Museen, Zoo, einem Thermalbad und auf weitere Vergünstigungen.

Trinkgeld
Egal in welchem Land Sie sich entlang der Donau befinden: Die Bedienungen in Restaurants und Cafés und die Taxifahrer freuen sich überall über ein Trinkgeld. Sie können im Schnitt mit einem Extra von 10–15 % des Gesamtbetrages einer Rechnung kalkulieren. Auch Portiers und Zimmermädchen freuen sich über eine kleine Aufmerksamkeit.

Umgangsformen
In Mittel- und Osteuropa stößt man teilweise noch auf altmodische Aufmerksamkeiten wie den Handkuss.

Wasser
Leitungswasser ist zwar überall trinkbar, kann aber zuweilen nach Chlor schmecken.

Zoll
Der Warenverkehr ist für Privatreisende aus EU-Ländern weitgehend zollfrei. Nicht-EU-Bürger über 17 dürfen folgende Mengen zollfrei in EU-Länder einführen: 200 Zigaretten oder 50 Zigarren oder 250 g Tabak, 1 l Spirituosen, 1 l Wein (je nach Land 2 l), 50 g Parfüm.

Die Walhalla am Südrand des Bayerischen Waldes, 1830–42 von König Ludwig I. erbaut.

MEILENSTEINE AM UFER

Die folgende Tabelle führt wichtige Orientierungspunkte links und rechts der Donau auf, die auch auf der gleichnamigen Faltkarte hinten im Buch verzeichnet sind.

km (Flusskilometer)	Ufer	Symbol	Ort	Hinweise	Region	Land
	🅡 rechtes Ufer 🅛 linkes Ufer	🏰 Schloss ⛪ Kirche 🏛 Kloster 🗼 Ruine	⚱ archäologische Fundstätte 🌉 Brücke 🏭 Industrie ⚡ Kraftwerk	🚢 Schleuse ❗ auffälliges Bauwerk		
2227		🏰 ⛪	**Passau**			AT-DE
2203		🚢 ⚡	Jochenstein			
2187			Schlögener Schlinge			
2162		🚢 ⚡	Aschach			
2147		🚢 ⚡	Ottensheim-Wilhering			
2135		🌉	**Linz**, Nibelungenbrücke			
2120		🚢 ⚡	Abwinden-Asten			
2112	🅛		Mauthausen			
2112	🅡		Enns-Mündung			
2095		🚢 ⚡	Wallsee-Mitterkirchen			
2084			Dornach			
2079	🅛		Grein	A		AT
2070	🅡	🗼	Freyenstein			
2060	🅡	🚢 ⚡	Ybbs-Persenbeug			
2060	🅛	🏰	Schloss Persenbeug			
2050	🅛		Marbach		1	
2050	🅛	⛪	Wallfahrtskirche Maria Taferl			
2038		🚢 ⚡	Melk			
2036	🅡	🏛	**Melk**, Stift Melk			
2032	🅡	🏰	Schloss Schönbühel			
2025	🅡	🗼	Burg Aggstein		2	
2024	🅛	⚱	Willendorf			
2019	🅛		Spitz			

A. Strudengau, Verengung des Donautals
1. Nibelungengau
2. Wachau

82 MEILENSTEINE AM UFER

Jahr	Symbole	Bezeichnung	Region
2019	L 🏛	Burg Hinterhaus	
2013	L ⚓	Weißenkirchen	
2009	L	**Dürnstein**	2
2009	L 🏛	Richard-Löwenherz-Gefängnis	
2002	R ⚓	Stift Göttweig, 5 km südlich des Ufers	
2002	L	**Krems**	
2002	L 🏛 ⚓	Gozzoburg, diverse Kirchen	
1980	⚓ ⚛	Altenwörth	3
1977	R ❗	aufgegebenes Kernkraftwerk Zwentendorf	
1963	R	**Tulln**	
1949	⚓ ⚛	Greifenstein	
1943	L ⚓	DDSG-Werft Korneuburg	AT
1939	R ⚓	Klosterneuburg	
1934		**Wien**	
1934	R	Donaukanal zur Innenstadt	
1932	R ❗	Hochhaus Millennium Tower	
1929	L ❗	UNO-City	
1928	🏛	Reichsbrücke	
1921	⚓ ⚛	Wien-Freudenau	
1890	R ∴	römische Siedlung Carnuntum	
1884	R	Hainburg	4
1884	R 🏛	Burg auf dem Braunsberg	
1880		March- (Morava-)Mündung	
1880	L 🏛	Burg Devín (Theben)	SK-AT
1870	L ⚓	Burg von Bratislava	
1869	L	**Bratislava**	
1866	L	Abzweigung Kleine Donau/Malý Dunaj	
1853	R ⚓ ⚛	(Schleuse und) Abzweigung Donau-Hauptstrom und Mosoni Duna	SK
1853	❗	Danubiana Kunstmuseum	B
1821		Gabčikovo	
	R ⚓ ⚛	Schleuse im Gabčikovo-Kanal bei Kanal-km 10	
1811	L	Mündung des Gabčikovo-Kanals in den Hauptstrom	
1768	L ❗	Komárno, Festung	HU-SK
1768	R ❗	Komárom, Festung	
1766	L	Mündung der Váh (Waag)	
1719	L	Stúrovo	

B. Gabčikovo-Kanal, 38.5 km lang
2. Wachau
3. Tullner Becken
4. Nationalpark Donau-Auen

1718	R		**Esztergom**
1718	R 🏛		Basilika von Esztergom
1719	🌉		Maria-Valeria-Brücke
1708	L		Ipoly-Mündung
1695	R 🏛		**Visegrád**
1667	R		Abzweigung Szentendre-Donau
			Szentendre
1680	L		**Vác**
1663	L 🏛		Kirche von Imre Makovecz in Göd
1657	R		Südende der Szentendre-Insel
1655	R ⁂		Römerstadt Aquincum
1648	R 🏛		**Budapest**, Matthiaskirche
1648	L ❗		Parlamentsgebäude
1647	🌉		Kettenbrücke
1580	R ⁂		römisches Militärlager Intercisa
1578	R 🏭		Industriestadt Dunaújváros
1531	R		Paks
1526	R ❗ ☢		Atomkraftwerk Paks
1516	L		**Kalocsa**, 5 km vom linken Ufer entfernt
1499	🌉		Autobahnbrücke
1497	R		Zufluss des Sió vom Balaton (Plattensee)
1480	🌉		Eisenbahn- und Straßenbrücke
1479	L		Baja, Hafen
1447	R		**Mohács**, Hafen
1433	R		Grenze Ungarn-Kroatien

C. Szentendre-Donau
5. Donauknie

6. Nationalpark Duna-Drava
D. Naturreservat Gemenc

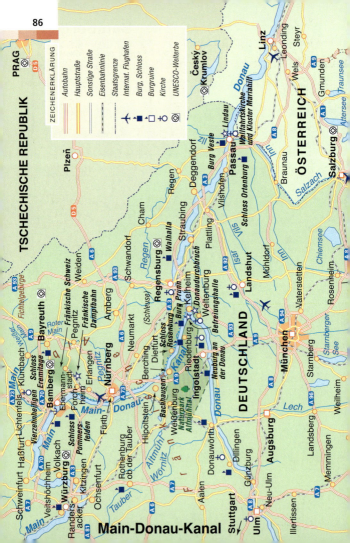

ÓBUDA

1 Vasarely-, Imre Varga Museum Aquincum

BUDA

2 Lukasbad
3 Grabmal des Gül Baba
4 Museum der Eisengießerei
5 Királybad
6 St. Annakirche
7 Museum für Musikgeschichte
8 Fischerbastei
9 Matthiaskirche
10 Schlosstheater
11 Standseilbahn
12 Schloss Budapest
13 Historisches Museum/Nationalgalerie
14 Königin-Elisabeth-Denkmal
15 Gellért-Denkmal
16 Rudasbad
17 Zitadelle mit Freiheitsstatue
18 Gellértbad

PEST

19 Markthalle
20 Kunstgewerbemuseum
21 Holocaust-Gedenkstätte
22 Ungarisches Nationalmuseum
23 Universität
24 Franziskanerkirche
25 Innerstädtische Pfarrkirche
26 Rathaus
27 Synagoge und Jüdisches Museum
28 Evangelisches Landesmuseum
29 Parlament
30 Ethnografisches Museum
31 Basilika St. Stephan
32 Staatsoper
33 Haus des Terrors
34 Franz Liszt Museum
35 Puppentheater
36 Magyar-Theater
37 Erkel-Theater
38 Kodály Emlek Museum
39 Museum Asiatischer Kunst
40 Museum Chinesischer Kunst
41 Heldenplatz mit Millenniumssäule
42 Museum für Bildende Kunst
43 Kunsthalle Műcsarnok
44 Stadtpark Varosliget
45 Szechenyibad
46 Zoo
47 Transportmuseum
48 U-Bahn-Museum

REGISTER

DEUTSCHLAND
Altmühltal, Naturpark 21
Bamberg 17, 85
Bayreuth 17
Befreiungshalle 22
Berching 21
Donaudurchbruch 22
Haßfurt 16
Kelheim 22
Kitzingen 14
Main-Donau-Kanal 18, 19, 86
Nürnberg 20, 87
   Altstadt 20
   Dokumentationszentrum
   Reichsparteigelände 21
   Heilig-Geist-Spital 21
   Kaiserburg 20
   Museen 20, 21
Ochsenfurt 14
Passau 25, 89
Regensburg 22, 88
Riedenburg 21
Rothenburg ob der Tauber 14, 15
Schweinfurt 16
Straubing 23
Volkach 16
Walhalla 23
Weltenburg, Kloster 22
Würzburg 13, 84

ÖSTERREICH
Aggstein, Burg 33
Bad Deutsch-Altenburg 43
Donau-Auen, Nationalpark 42
Donau-Dampfschifffahrtsgesellschaft (DDSG) 10
Dürnstein 34
   Ruine Dürnstein 34
   Stiftskirche 34
Freyenstein 31
Göttweig, Stift 36
Grein 31
Gumpoldskirchen 42
Hainburg an der Donau 43
Heiligenkreuz, Stift 42
Hundertwasser, Friedensreich 40, 43
Jochenstein 31
Klimt, Gustav 41

Klosterneuburg 36
Krems an der Donau 35
   Gozzoburg 35
   Museumkrems 36
   Pfarrkirche St. Veit 35
   Piaristenkirche 35
   Steiner Tor 36
Linz 26, 90
   Ars Electronica Center 27
   LENTOS Kunstmuseum 27, 31
   Martinskirche 27
   Musiktheater 27
   Pöstlingberg 31
   Schlossmuseum 27
   Stadtzentrum 27
March (Morava Slowakei) 43
Maria Taferl, Wallfahrtsbasilika 31
Mauthausen 31
Mayerling 42
Melk, Stadt und Stift 32
Mühlviertel 26
Nibelungengau 31
Persenbeug, Schloss 31
Petronell-Carnuntum 43
Salzburg 28, 91
   Alter Markt 29
   Dom zu Salzburg 28
   Dreifaltigkeitskirche 29
   Getreidegasse 29
   Großes Festspielhaus 28
   Hohensalzburg 28
   Mozarteum 29
   Mozarts Geburtshaus 29
   Mozart-Wohnhaus 29
   Residenzplatz 29
   Rupertinum 28
Salzkammergut 30
Schlögener Schlinge 26
Schönbühel, Schloss 33
Spitz 33
Stein 36
Strudengau 31
Trauntal 30
Tulln 31
Tullner Becken 36
Wachau 32
Weißenkirchen 33
Werfenstein, Burg 31

Wien 37, 92, 95
   Albertina 38
   Belvedere 40
   Burgtheater 38
   Donaukanal 37
   Elisabeth, Kaiserin 39
   Hofburg 38, 94
   Kärntner Straße 38
   KunstHausWien 40
   Maria-Theresien-Platz 39
   Millennium Tower 37
   Mozarthaus 39
   Museen 38–41
   MuseumsQuartier 40
   Reichsbrücke 37
   Ring, Der 39
   Schönbrunn, Schloss 41
   Spanische Hofreitschule 39
   Staatsoper 38
   Stephansdom 37
   UNO-City 37
   Votivkirche 38
Wien-Freudenau 42
Wienerwald 42
Willendorf 33
Wolfgangsee 30

SLOWAKEI
Bratislava 45, 98
   Altstadt 45
   Burg (Hrad) 45
   Donaubrücke 47
   Eurovea 47
   Hauptplatz 45
   Martinskirche 45
   Michaelstor 46
   Museen 45, 46
   Nationaltheater 46
   Primatialpalast 46
   Reduta-Palast 46
   Sigismundtor 45
Danubiana Meulensteen Art Museum 47
Devín, Festung 43
Gabčíkovo-Kanal 47
Komárno 48
Komárom (Ungarn) 48
Morava (March) 43
Maria-Valeria-Brücke 48

REGISTER

UNGARN
Baja 62
Balaton (Plattensee) 61
Budapest 53, 96
  Andrássy út 57
  Befreiungsdenkmal 54
  Buda 53
  Burgbezirk 53
  Fischerbastei 53
  Gellértberg 54
  Heldenplatz 57
  Holocaust-Gedenkstätte 56
  Király Gyógyfürdő 54
  Kodály-Gedenkstätte 57
  Landesbibliothek 54
  Markthalle 57
  Matthiaskirche 53
  Magyaren im Bade 53
  Millenium-Denkmal 57
  Museum
    Bildende Kunst 58
    Franz Liszt 57
    Haus des Terrors 57
    Historisches 54
    Kunstgewerbe 56
    Kunsthalle 58
    Landwirtschaft 58
    Ungarische(s)
      Nationalgalerie 54
      Nationalmuseum 56
  Panoptikum 1944 54
  Parlamentsgebäude 55
  Pest 55
  Pfarrkirche 54
  Rudas Gyógyfürdő 54
  Schloss, Königliches 54
  Széchenyi-Bad 59
  Staatsoper 57
  Standseilbahn 53
  St.-Anna-Kirche 54
  Synagoge 54
  Váci Uta 55
  Városliget, Stadtpark 58
  Zitadelle 54
Donau-Drau-Nationalpark 62
Donau-Ipoly-Nationalpark 50
Donauknie 51
Dunaföldvár 60
Dunaújváros 59
Esztergom 49
  Basilika 49
  Balassa Bálint Múz. 50
  Víziváros 50
Gemencer Wald 62
Gödöllő, Schloss 49
Harta 60
Ipoly (Fluss) 51
Kalocsa 60
  Bibliothek des Erzbischofpalastes 60
  Hauptplatz 60
  Károly-Visky-Museum 60
  Kathedrale 60
  Paprikamuseum 60
  Nicolas Schöffer Collection 61
  Volkskunst-Kooper. 61
Kecskemét 61
Komárno (Slowakei) 48
Komárom 48
Kiskunság-Nationalpark 60
Magyaren im Bade 53
Mohács 63
  Gedächtnispark 63
  Votivkirche 63
Paks 60
Pécs 64
  Dom St. Peter u. Paul 65
  Moschee
    – Kassim Pascha 64
    – Pascha H. Yakovali 65
  Museum Archäologie 65
    – Csontváry 65
    – Vasarely 65
    – Zsolnay 65
  Nekropole 64
  Synagoge 64
  Ungarische Galerie 65
  Zsolnay-Brunnen 65
Plattensee (Balaton) 61
Porzellan, Ungarisches 74
Puszta 59
Sió-Tal 61
Skanzen, Freilichtmuseum 52
Szeged 61
Szekszárd 62
Szentendre 52
Szentendre-Insel 52
Vác 52
Visegrád 52

Deutsche Fassung
Elke Frey

Redaktion
JPM Publications S.A.

Gestaltung
Luc Malherbe
Matias Jolliet

Fotos
S. 1 fotolia.com/LianeM
S. 2 corbis.com (Pelikane);
Claude Huber (Fischer, Pferde und Reiter);
Wien Tourismus (Johann Strau

Kartografie
JPM Publications S.A.
Mathieu Germay
Jonathan Reymond

Copyright © 2017, 2008
JPM Publications S.A.
Avenue William-Fraisse 12
1006 Lausanne, Schweiz
information@jpmguides.com
www.jpmguides.com/

Alle Rechte vorbehalten, insbesondere das Recht der Vervielfältigung und Verbreitung sowie der Übersetzung. Ohne schriftliche Genehmigung des Verlags ist es nicht gestattet, den Inhalt dieses Werkes oder Teile daraus auf elektronischem oder mechanischem Wege (Fotokopie, Mikrofilm, Ton- und Bildaufzeichnung, Speicherung auf Datenträger oder andere Verfahren) zu reproduzieren, zu vervielfältigen oder zu verbreiten.
Alle Informationen sind sorgfältig überprüft worden, erfolgen aber ohne Gewähr. Der Verlag und sein Kunde übernehmen keinerlei Haftung für allfällige Fehler.
Für Berichtigungen, Hinweise und Ergänzungen ist die Redaktio dankbar.

Printed in Germany
16682.02.21009
Ausgabe 2017